0세부터 시작하는
우리 아이 금수저 플랜

0세부터 시작하는
우리 아이 금수저 플랜

재테크하는제인 지음

▣⧉ RADIO BOOK

1장
빠를수록 좋은 우리 아이 투자 플랜

2장

0세부터 출발하는 증여 스타트 플랜

3장
아이와 함께 하는 경제 공부 베이직 플랜

4장
아이와 함께 하는 경제 공부 마스터 플랜

5장
금수저 엄마가 되기 위한 스터디 플랜

Prologue : 흙수저에서 금수저로, 경제 체질개선 시작합니다

우리 아이 재테크, 몇 살부터 시작하는 것이 좋을까?

시작이 빠를수록 부자가 될 수 있을 가능성도 높아지는 걸까?

이미 벌어진 격차를 줄일 수 있는 방법이 있긴 할까?

이 세 가지 질문에서 출발한 이 책은 어린 시절부터 이어진 흙수저 삶을 재테크로 극복하며 돈에 대해 새로운 눈을 뜨게 된 한 아이 엄마의 이야기입니다.

요즘은 부유하거나 부모의 사회적 지위가 높은 가정에서 태어나 경제적 여유를 누리는 사람을 금수저라고 부릅니다. 부모라면 당연히 자녀를 금수저로 만들고 싶습니다. 하지만 이런 마음과는 달리 돈을 대하는 태도와 방법은 다 제각각입니다. 돈을 불리는 방법을 똑같이 알려줘도 누구는 당장 시행하지만, 다른 누구는 마음은 있어도, 이미 벌어진 격차에 시도조차 하지 못하고 포기합니다.

그러나 포기하기엔 아직 기회가 있습니다. 저는 아무것도 모르는 상태에서 재테크를 공부하고, 스스로 부딪혀가며 도전했습니다. 그 과정에서 한 가지 깨달은 것은 바로 부모가 돈 공부를 빠르게 시작할수록 아이의 미래 선택권이 넓어진다는 것이었습니다. 단순히 부모 재력이 아이를 부자로 만들어준다는 것이 아니라, 아이 스스로가 만들 수 있는 선택의 '기회'를 더 많이 줄 수 있다는 뜻입니다.

만약 현재 부의 격차가 좀 있어도, 부모가 발빠르게 움직여 아이에게 줄 수 있는 기회를 차곡차곡 쌓아놓는다면, 그 돈이 스스로 굴러가며 서서히 몸집을 불려, 벌어진 격차를 줄여줍니다. 그러니 돈이 없어 재테크를 못한다고 하면, 오히려 저는 '시간'에 좀 더 투자하면 된다고 말하고 싶습니다. 이것이 우리가 자녀 재테크를 0세부터 시작해야 하는 이유입니다.

대부분의 엄마는 증여를 어려워합니다. 단순히 돈을 마련하는 것부터 세금 신고, 계좌 운용 등 다양하게 챙길 것이 많기 때문입니다. 또, 생활하는 것만으로도 빡빡한데, 큰돈을 어린 자녀에게 선뜻 물려주기 부담스럽습니다. 하지만 증여는 꼭 거액의 재산을 물려줄 때만 하는 것이 아닙니다.

금액을 떠나 아이가 성인이 되기까지의 시간을 얼마나 잘 활용하느냐에 따라 아이의 통장 잔고가 달라집니다. 작은 돈이라도 일찍 증여하고, 그 돈을 불리는 과정을 공들인 사람과 그렇지 않은 사람의 자산 차이는 분명합니다. 액수가 적은 사람이라면 '시간'을 적극 활용해 그 갭을 메울 수 있는 기회를 잡아야 합니다.

준비된 금수저를 만드는 과정은 단순히 재산을 나누어 주는 것이 아닙니다. 금수저가 될 수 있게 경제 기반을 마련해주고, 이를 바탕으로 아이가 스스로 자산을 늘릴 수 있는 방법을 가르쳐 주는 것이 중요합니다.

가장 중요한 것은 아이가 직접 투자처를 찾고, 공부하면서 세상의 경제 흐름을 알게 하는 것입니다. 이 과정에서 우리는 아이가 세상에 이끌려가는 사람이 아닌 세상을 이끌어가는 사람이 될 수 있게 도와줘야 합니다. 여러분도 저와 함께 이 여정에 참여해, 아이에게 세상을 보는 눈을 알려주는 길잡이가 돼 보면 어떨까요?

38년만에 비로소 나를 어른으로 만들어준

사랑하는 나의 아들 우제준에게 이 책을 바칩니다.

Part 1

빠를수록 좋은

우리 아이 투자 플랜

1

우리는 날 때부터
가난과 싸워야한다

평생 열심히 일해도 부자가 될 수 없는 이유

"개천에서 용 난다." 예전에는 가정 환경이 어려워도 개인 능력만 있으면 부자가 될 수 있었습니다. 하지만 요즘은 개인 능력을 펼치기도 전에 상속 혹은 증여로 막대한 자산을 축적해 일찌감치 앞서가는 금수저가 많습니다. 이렇게 벌어진 격차는 좁히기 힘들고, 향후 아이 인생을 좌우합니다.

왜 이제 우리나라에서 개천에서 용나는 것이 불가능한 상황이 됐는지 알아볼까요? 단순히 자산을 모아 두는 사람과 시장 상황에 맞게 재테크를 한 사람을 비교해 보겠습니다. 10년 동안 매달 월급을 열심히 쌓아두는 것과 글로벌 우량주 애플에 투자했을 때 자산 가치는 얼마나 차이 날까요?

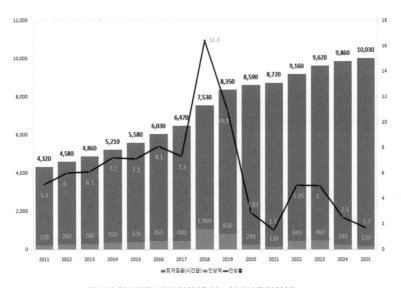

연도별 최저임금 결정 현황(출처 : 최저임금위원회)

먼저 월급을 10년간 모아두는 사람의 경우, 단순하게 최저임금 상승률로 계산했을 때 2014년 5,210원에서 2024년 9,860원으로 약 89.25% 상승했습니다. 89%라고 하면 엄청난 상승이라고 생각할 수 있지만, 10년간 임금 상승이 된 만큼 물가도 꾸준히 올라 액수만 보면 실제 자산에서 보이는 큰 변화는 없습니다.

예를 들어 2014년부터 10년간 1천만 원을 정기예금에 넣고, 연 이자율 4%로 가정해 이를 계속 재예치하면서 복리 이자를 받는다고 하면, 총 자산가치는 약 1,338만 원이 됩니다. 1천만 원을 10년간 4% 정기예금 상품에 반복해서 묶어두면 생기는 이자 수익은 약 338만 원입니다.

하지만 시장을 읽고, 재테크를 시작한 사람이 같은 금액을 10년간 애플 주식에 투자했다면 결과는 어떻게 달라질까요?

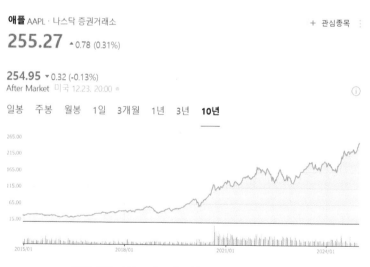

애플 최근 10년 주가 그래프(출처 : 네이버페이증권)

2014년에 애플(APPL) 주식 1천만 원어치를 사서 현재까지 보유하고 있다면, 가치가 얼마인지 계산해 보겠습니다. 2014년 1월 2일 기준, 매수가 17.88달러였던 애플 주식은 2024년 12월 31일 종가 기준, 1,310% 상승한 252.20달러가 됩니다. 은행 정기예금 수익은 원금 포함 1,338만 원이지만, 애플 주식을 사서 계속 보유했을 때 그 가치는 환차익을 제외하고 단순 계산해도 약 1억 4,100만 원이 되므로 훨씬 큰 가치 상승을 확인할 수 있습니다.

　　저도 이 데이터를 계산하면서 정말 깜짝 놀랐는데요. 아무리 10년 전이라고 해도 애플이라는 회사의 가치 상승이 이 정도로 놀라운 결과를 가지고 올지 생각하지 못했기 때문입니다. 물론 여기에는 두 번의 액면분할로 투자자 접근성을 높인 것도 한몫했다고 봅니다. 또, 우리나라 투자자들의 경우 환율 상승으로 인한 환차익도 얻을 수 있었습니다.

　　물론 한 종목에 자금이 묶인다는 점은 미래를 알지 못하는 상황에서 불안요소가 될 수 있지만, 좋은 실적의 기업을 골라 장기간 보유하면서 주가 상승을 확인하는 것이 왜 중요한지, 왜 좋은 종목을 골라 가치 투자를 해야 하는지 알 수 있는 대목입니다.

　　우리는 이제 평생 열심히 일만 하는 것이 아니라 벌은 만큼 열심히 불려나가야 개천의 용이 될 수 있습니다. 자산 규모 차이를 단숨에 극복하기보다는 시간을 두고 천천히 쌓아가는 것이 적은 금액으로 최대의 효율을 내는 재테크의 시작입니다.

그러니 우리는 최대한 일찍 투자를 공부하고 시장 경제를 알아가야 합니다. 개인 능력으로 용이 되던 시절은 잊고 이제는 경제를 공부한 부모와 함께 투자를 배우면서 자산을 불려 나가는 아이로 키우는 것이 좀 더 현실에 맞는 이야기일 것입니다.

내 아이가 공부를 잘해야만 하는 이유도
결국은 돈

"공부 잘해서 훌륭한 사람 돼야 한다." 어른들이 아이에게 자주 하는 말입니다. 이 말 뜻을 천천히 생각해보면, 결국 아이에게 말하는 훌륭한 사람이 돈과 연결돼 있다는 걸 알 수 있습니다.

어른들이 말하는 훌륭한 사람이란 생활과 시간, 마음에 여유가 있어 남을 돕고, 베풀 수 있는 사람을 뜻합니다. 한 가지 의문이 생기는데, '훌륭한 사람'이 되기 위해 왜 공부를 잘해야 하는 걸까요?

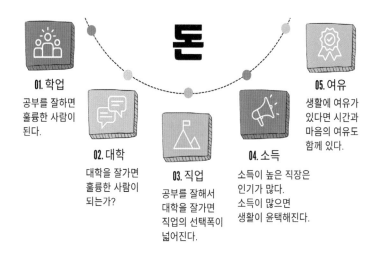

돈

01. 학업
공부를 잘하면
훌륭한 사람이
된다.

02. 대학
대학을 잘가면
훌륭한 사람이
되는가?

03. 직업
공부를 잘해서
대학을 잘가면
직업의 선택폭이
넓어진다.

04. 소득
소득이 높은 직장은
인기가 많다.
소득이 많으면
생활이 윤택해진다.

05. 여유
생활에 여유가
있다면 시간과
마음의 여유도
함께 있다.

학업과 직업, 돈의 상관관계

훌륭한 사람과 돈의 관계를 보면 서로 연결되는 부분이 보입니다. 우리나라에서 공부를 잘하면 좋은 대학에 갈 수 있고, 좋은 대학에 가면 직업 선택 폭이 넓어집니다. 스스로 직장을 선택할 수 있다는 것은 인기 있는 직장에 취업할 수 있다는 것을 뜻하며, 이는 대부분 노동 대비 소득이 높은 고수입 직업군이라고 예상할 수 있습니다. 판사, 검사, 의사 등 예전부터 인기 있는 직업군은 주로 전문직이며 고소득이라는 공통점이 있습니다.

그래서 저는 생각해봅니다. 왜 자꾸 아이에게 "공부 열심히 해라. 그래야 훌륭한 사람 될 수 있다."라고 말하는 걸까요? 결국 내 아이가 좀 더 편안한 인생을 누렸으면 하는 마음에서 비롯된 말입니다. 편안한 인생은 '여유'에서 비롯되고, '여유' 있는 사람이 남을 도울 수 있는 베풂의 마음으로 사회를 긍정적으로 변화시킬 수 있기 때문입니다.

가난의 연결 고리를 끊기 위해 나는
시간에 투자했다

저의 초기 유년 시절은 부유한 편이었습니다. 아버지 사업은 번창했고, 유년기까지 돈에 내한 어려움 없이 마냥 행복하게 지냈습니다. 제 인생이 격변한 것은 IMF가 시작된 초등학교 막바지였습니다. 그 때는 누구나 어려웠고, 저희 집도 갑작스럽게 사정이 어려워졌습니다.

중고등학교 시절은 무엇 하나 변변치 않았고, 그리 좋은 기억이 있는 것도 아니었습니다. 소심했고 외모 콤플렉스로 남들 앞에 나서지 않았고, 비슷한 부류의 친구만 사귀면서 조용히 학교 생활을 했습니다. 그렇다고 저의 모든 유년시절이 불행하거나 슬픈 기억만 있는 것은 아닙니다. 가난함은 조금의 불편함이었을 뿐 가족과 끈끈한 애정으로 뭉쳐 서로 의지하며 그 시기를 보냈으니까요.

대학교에 입학한 후에는 성적 및 국가 장학금으로 학비와 생활비를 충당했고, 아르바이트를 하면서 어느 정도 생활에 여유를 갖게 됐습니다. 졸업 후 취직을 했지만, 사회초년생의 빡빡한 월급으로는 어린 시절부터 이어진 가난의 고리를 끊을 수 없었습니다.

부족했던 유년시절, 지방 사립대 출신, 임금이 낮은 회사의 장기근속, 비슷한 환경을 가진 남편과의 결혼, 월세로 시작한 결혼생활 등등 부가 쌓일 수 없는 환경을 갖추고 있었기에, 이를 극복하려면 정말 피나는 노력과 천운이 필요하겠다는 생각이 들었습니다.

다행히 지의 운은 블로그 부업을 성공시키고, 경제 인플루언서가 되면서 새로운 국면을 맞이했습니다. 단순히 적게 쓰고 월급을 모으기만 하면서 흙수저를 탈출하려고 했지만, 현실의 벽이 높아 포기하려던 순간에 부업 성공으로 제 인생은 180도 바뀌게 됐습니다.

그러면서 깨달은 것은 이제껏 내가 가졌던 순진함은 부자가 되는데 별로 도움이 되지 않는다는 것이었습니다. 단순히 아껴서 저축하면 부자가 될 수 있을 거라는 순진함에서 벗어난 결정적인 계기는 부업 성공으로 재테크 시드머니가 커지면서 수익금도 비례해 커지는 것을 피부로 느낀 것입니다. 제대로 경제 공부를 하면서 돈을 굴려야 자산도 커진다는 것을 알게 됐고, 이제껏 공부를 소홀히 한 것이 후회됐습니다. '좀 더 빨리 알았다면? 좀 더 빨리 시작했다면?'이라는 생각이 들 때마다 내 아이에게는 같은 실수를 하지 말아야겠다는 결심을 했습니다.

이 결심은 곧 '시간에 투자하자'로 치환됐고, 저는 이를 실천했습니다. 태어나자마자 아이 통장을 만들고, 성인이 되기까지 최대한의 효율을 찾아 투자를 도와주기로 했습니다. 그러면 20년 후에는 아이가 용이 될 수 있는 경제적 기반이 마련됐을 거라고 판단했기 때문입니다. 아이가 가난을 물려 받지 않기 위해서는 부모가 빠른 준비로 부자와의 격차를 줄여주는 방법이 최선입니다. 제가 시간을 중요하게 생각한 것도 투자금이 적은 사람일수록, 장기투자와 단기투자의 차이점을 제대로 알고, 목적에 맞게 돈 굴리는 방법을 찾아야 하기 때문입니다.

	장기투자	단기투자
장점	• 복리 효과 • 시장 변동성 감소 • 수수료 및 비용 절감 • 저축 습관 및 재정 인정성 형성 • 투자 접근성 향상	• 빠른 수익 실현 가능 • 자금 유동성 제공 • 단기 시장 기회 활용 가능 • 리스크 관리 가능
단점	• 자금 유동성 감소 • 기회비용 발생 • 시장 변화에 둔감	• 높은 시장 변동성 • 자금 손실 위험 발생 • 거래 비용 및 세금 발생 가능성 • 시장 예측의 어려움
투자자에게 미치는 영향	• 장기적인 자산 성장 • 경제적 안정성 제공 • 미래 계획 수립 지원 • 장기적인 목표 달성	• 단기적인 자금 대응 필요 • 시장 특정 기회의 활용 • 빠른 수익 추구 • 포트폴리오 조정을 통한 유연성 제공

장기투자와 단기투자 장단점 비교

장기투자와 단기투자는 장단점과 투자자에게 미치는 영향이 상이하지만, 투자금이 적은 투자자에겐 장기투자가 더 효과적인 전략입니다. 특히 장기투자는 복리 효과가 최대 이점이라 수익을 계속 재투자해 자본금을 늘릴 수 있습니다.

　　장기투자는 몇 년에서 수십 년까지 계획을 세워서 실행해 단기 시장 변동성의 영향을 상쇄합니다. 수익 측면에서 비교적 안정적이며, 투자로 발생하는 배당금 및 분배금까지 재투자하면 원금 자체를 늘리는 효과까지 볼 수 있습니다.

　　그래서 저는 큰 자산 증여보다 하루라도 빨리 아이에게 비과세 한도만큼 증여하고, 증여금을 수익나는 곳에 투자해 시간으로 돈을 버는 방법을 택했습니다.

📖 정리해요

자본금이 적은 투자자에게 장기투자가 적합한 이유

- 복리 효과 : 투자 수익을 재투자해 원금과 함께 성장

- 시장 변동성 감소 : 단기 시장 변동성을 피하고 장기적

  자산 가치 상승으로 예측 가능한 수익 기대

- 저축 습관 형성 : 장시간 반복 투자로 저축을 습관화하는데 유리

- 수수료 및 간접 비용 절감 : 자주 매매하지 않아 단기투자

  보나 수수료 적음

- 높은 접근성 : 시장의 일시 변동에 대응하지 않아도 돼

  관련 지식이 부족한 사람의 접근성 높음

0세부터 투자 시작한 아이 vs 저축만 한 아이
: 20년 후 결과는?

흔히 저축으로 목돈을 모아 투자로 이어지면 가장 이상적인 재테크 루트라고 이야기합니다. 하지만 한 가지 수단으로 계속 투자한다면 어떻게 될까요? 특히 우리 아이 계좌에 '20년'이라는 시간을 적용하면 어떻게 될지, 좀 더 구체적 예시로 수익 차이를 비교해 보겠습니다.

단순 비교이니 약간의 수치상 차이가 있을 수 있습니다.

적금

- 금액 : 매월 10만 원

- 기간 : 총 20년

- 이율 : 약 5% (2004년~2024년 은행연합회 공시 평균

  이자율 2.8%+가산금리 2.2%)

- 원금 합계 : 2,400만 원

- 세전 이자 : 1,205만 원(단리), 1,727만 원(월복리)

매월 10만 원씩, 20년 적금을 붓는다면, 5% 단리 적용 시 이자는 1,205만 원, 월복리 적용 시 1,727만 원이 됩니다. 월복리로 계산하면 원금을 더한 최대 수령액은 약 3,860만 원이 되므로 꽤 괜찮은 수익입니다.

같은 조건으로 S&P500 지수를 추종하는 ETF 상품에 투자했다면 어떻게 달라질까요?

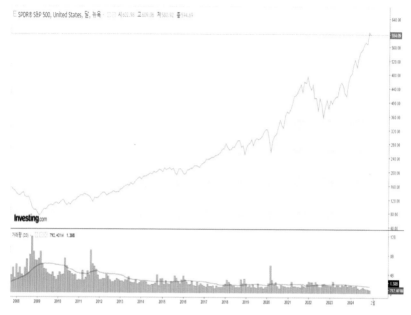

S&P500 최근 20년 차트(출처 : 인베스팅닷컴)

　　미국 S&P500 지수의 20년 차트를 보면, 2005년 122P였던 S&P500 지수는 2024년 12월 기준 594P가 됐습니다. 무려 386%가 상승한 것인데, 20년 전에 S&P500 ETF에 10만 원을 투자했다면 현재는 48만 6,000원이 됐습니다. 단순히 가치 변화로 체감이 힘들 수 있으니 예시를 들어보겠습니다.

년도	누적 투자 원금 (원)	투자 수익률 (%)	연말 포트폴리오 가치 (원)	S&P 500 연간 수익률 (%)
2004	1,200,000	4.89	1,258,724	10.88
2005	2,400,000	6.14	2,547,299	4.91
2006	3,600,000	17.61	4,234,064	15.79
2007	4,800,000	18.68	5,696,418	5.49
2008	6,000,000	-23.86	4,568,327	-37.00
2009	7,200,000	-1.16	7,116,474	26.46
2010	8,400,000	12.73	9,468,948	15.06
2011	9,600,000	13.34	10,880,300	2.11
2012	10,800,000	28.77	13,906,800	16.00
2013	12,000,000	64.84	19,780,340	32.39
2014	13,200,000	80.01	23,761,820	13.69
2015	14,400,000	75.68	25,297,300	1.38
2016	15,600,000	89.66	29,587,300	11.96
2017	16,800,000	122.39	37,361,990	21.83
2018	18,000,000	105.01	36,901,250	-4.38
2019	19,200,000	159.82	49,886,100	31.49
2020	20,400,000	195.90	60,363,260	18.40
2021	21,600,000	265.95	79,044,270	28.71
2022	22,800,000	188.71	65,826,150	-18.11
2023	24,000,000	251.96	84,470,360	26.29

20년간 S&P500 지수 추종 ETF에 투자했을 때 예상 수익표

2004년부터 월 10만 원씩, 20년간 매달 S&P500 지수 추종 ETF

에 투자했을 때 예상 수익은 원금 포함 약 8,447만 원입니다. 원금을 제외해도 약 6,047만 원을 얻는 셈인데, 적금을 10년 부었을 때 이자 수익이 월복리 기준 1,727만 원이었던 것을 감안하면 적금보다 3.5배 더 수익이 많다는 것을 확인할 수 있습니다.

하지만 S&P500 지수가 무조건 우상향한 것은 아니었습니다. 2008년 미국의 서브프라임 모기지 사태로 폭락장을 겪어, 그 해에만 수익률 -37%를 기록했습니다. 하지만 바로 이듬해 26.46% 오르면서 원금에 거의 가까워진 것을 볼 수 있습니다. 2013년, 2019년, 2021년, 2023년에는 거의 30%에 육박하는 수익률을 올리면서 최종 자산 가치는 8,450만 원에 가깝습니다.

분명히 위기는 있었지만, 주가에 상관없이 정기적으로 매수한 주식은 시간이 지날수록 매수 단가가 평균화되면서 오히려 안정적인 수익을 낼 수 있었습니다. 예를 들어 매달 1일에 1주씩 사는 사람이 있습니다. 어떤 종목의 주가가 1월 1일 1만 원, 2월 1일 2만 원, 3월 1일 3만 원, 4월 1일 1만 원, 5월 1일 1만 원, 6월 1일 4만 원이었다면, 매월 1일, 6개월간 1주씩 매수한 사람의 평균 단가는 2만 원이 됩니다. 3월, 6월에는 평균 단가보다 비싸게 샀지만 1월, 4월, 5월에 평균 단가보다 싸게 사면서 매수 단가가 평균화되는 것입니다. 이런 매수법은 꾸준히 성장하는 경제 지수 차트에서 오래 보유할수록 유리해지는데 그 대표적인 차트가 바로 미국 S&P500입니다.

계산을 하면서 '왜 이걸 이제야 알았을까?'라는 아쉬움이 남았습니다. 정기적금만 알고, 재테크에 소극적인 과거의 저에게 누가 S&P500 지수 추종 ETF에 투자하라고 했다면 지금쯤 든든한 노후 자산이 돼 있었을 텐데 정말 아쉬운 일입니다.

하지만 이제라도 재테크의 가치를 깨닫고, 아이를 위해 더 효율적인 투자 방식을 고민한다면 이런 아쉬움은 생기지 않을 겁니다. 혹시라도 투자가 너무 어려워서 시작할 엄두가 나지 않는 부모님이 계시다면 이 책에 상세한 투자 기술, 성공하는 실전 스킬까지 담았으니, 자신을 갖고 재테크에 도전해도 됩니다.

38살에 낳은 아이를 위해
나는 정년 늘리기 대신 투자를 시작했다

요즘 엄마들은 모이면 아이한테 어떤 주식을 사줬는지 묻고, 서로 좋은 정보를 주고받는 게 일상입니다. 제 주변만 봐도 아이 친구들 모임을 가면 증여를 주제로 시끌벅적하고, 아이 계좌로 공모주 배정을 받아서 조금씩 불려주며 투자의 재미를 알아가는 엄마도 많습니다.

과거의 증여 트렌드는 자녀가 결혼해서 독립할 때, 주택 마련을 도와주는 것이 보통이었습니다. 결혼이 진정한 독립이고, 안정감을 줄 수 있는 주거환경을 마련해주는 것을 부모의 마지막 소임으로 생각할 정도로 우리나라는 내 집에 대한 애착이 강합니다.

이러한 과거의 증여 형태는 평생 모은 재산을 자녀의 집 마련에 쓰고, 그 후에야 본인 노후를 위한 자산 모으기를 시작하는 것입니다. 그러니 너무 늦은 노후 자산 모으기로 인한 노동 연장은 필수가 됐고, 은퇴는 꿈도 꿀 수 없어 셀프 정년 늘리기를 선택할 수밖에 없는 것입니다.

이는 시간에 따른 자산 가치 변동에 대한 개념이 없는 상황에서, 내가 돈을 모아 자녀에게 재산을 넘겨주는 자산 증여가 얼마나 비효율적인지 보여주는 예입니다.

생각의 전환을 해야 합니다. 왜 꼭 큰돈을 모아서 아이에게 물려줘야 한다고 생각하나요? 저는 굳이 그럴 필요가 없다고 얘기합니다. 내가 노동하지 않아도 내가 투자한 회사에서 일하는 사람들이 열심히 운영해 수익을 낸다면, 나는 힘들이지 않고 자산 가치를 높일 수 있습니다.

다시 말해, 내가 열심히 일해 월급을 모아 재산을 불리는 것보다 좋은 기업에 투자해 그 기업이 성장하면서 얻는 이익이 자신 가치를 더 빠르게 불리는 길일 수 있다는 겁니다. 내가 자는 시간에도 내 투자금은 열심히 일하는 기업이 불려 나가고 있을테니까요.

여기에 '시간'이라는 개념을 대입하면 날개를 다는 것과 마찬가지입니다. 늘어나는 자산만큼 이자 혹은 투자 수익도 시간과 함께 차곡차곡 늘어나는 복리 효과까지 얻게 됩니다. 결국 이 모든 것을 종합하면, 빠른 투자 결정은 내가 직접 일하는 노동 시간을 줄이고, 내 돈이 일하는 시간이 늘어나게 해 효율적으로 자산을 불리는 길입니다. 이는 아이 계좌에도 그대로 적용됩니다. 일찍 효과적으로 증여해, 최대한 빨리 복리 효과를 꾸준히 얻는다면, 우리 아이 계좌의 가치는 분명 크게 달라질 것입니다.

여기서 알아 둬야 하는 게 '증여세'입니다. 면제 한도 이상의 금액을 자녀에게 증여했을 때 구간에 따라 일정 비율을 국가에 세금으로 납부해야 합니다. 나중에 큰돈을 한 번에 물려주면, 그만큼 국가에 내야 하는 세금도 커집니다. 그래서 빠른 증여와 재테크 운용은 빠를수록 절세 측면에서 더 효율석입니다.

그래서 저는 38살에 낳은 아이를 위해 빠르게 투자를 결정하고 시행했습니다. 아이가 결혼적령기가 되면 이미 저는 사회활동을 할 수 없는 나이가 됩니다. 그때까지 재산을 모아 늦은 증여를 하면, 노후에도 또 다른 일을 찾아 은퇴를 늦출 수밖에 없을 거라고 생각했습니다.

지금 열심히 모아서 미래에 아이 기반을 마련해준다는 계획도 나쁜 것은 아닙니다. 다만 30년 후에 물가가 얼마나 올라 있을지, 화폐 가치는 얼마나 떨어질지 장담할 수 없으니, 이를 보완할 수 있는 주식 형태로 증여하는 것이, 내가 30년 후에도 일하지 않고 아이 독립을 응원하는 가장 효율적인 방법이라고 판단했습니다.

이 책은 당장 부자가 되는 방법을 알려주는 책이 아닙니다. 이 책은 부모가 아이와 함께 경제에 대해서 알아가고, 자산을 효율적으로 관리할 수 있는 노하우를 배우는 책입니다. 이런 노하우를 어릴 때부터 배운 아이는 성인이 되면 경제적 독립이 빨라질 것입니다. 물론 부모도 자녀의 독립을 위해 자산의 대부분을 내놓고, 자신들의 노후는 우선순위에서 미뤄두는 '헌신적인 부모'가 되지 않아도 됩니다.

2

투자하기 전에
갖춰야 할 준비

아이를 위해 투자하려고 마음을 먹었다면 준비도 단단히 해야 합니다. 이번 장에서는 가장 기본적인 시드머니 모으는 방법과 증여 절차 및 세금에 대해 알아보겠습니다. 아주 중요한 과정 중 하나로, 이러한 기본 사항이 충족되지 않고 무턱대고 투자하면, 나중에 법적 문제가 발생할 수도 있으니 유념해서 이 장을 공부해야 합니다.

아이에게 반드시 만들어줘야 하는
3가지 통장

투자 전 준비 중에 가장 먼저 해야 할 것이 바로 아이 명의 통장을 만드는 것입니다. 단순히 이이 이름으로 된 입출금 통장을 만드는 것이 아니라, 통장별 특성을 이해하고, 달성 목표에 부합하는 통장을 만들어야 합니다. 아이에게 반드시 만들어줘야 하는 3가지 통장의 고유 기능과 활용법에 대해 알아보겠습니다.

미성년자 아이에게 반드시 만들어줘야 하는 첫 번째 통장은 적금 통장입니다. 재테크의 기본은 종자돈을 모으는 것입니다. 저축은 당연히 기본적으로 해야 합니다.

제가 어렸을 때도 학교에서 용돈을 관리하고 경제개념을 심어주기 위해 우체국에 정기적금을 가입하게 했습니다. 당시 저는 이 통장이 무슨 의미를 갖는지 몰랐습니다. 돈은 차곡차곡 쌓이지만, 어떤 목적으로 모으는 것인지, 어떤 원리로 돈이 늘어나는지, 명의자인 아이들은 전혀 몰랐습니다. 그 당시 금리는 상당히 높았습니다. 부모님에겐 매력적인 투자였다는 걸 감안하면, 이 돈은 부모님 쌈짓돈이 되지 않았을까 추측해봅니다. 금리만 보고 가입한 적금 통장은 단순한 목돈 만들기 목표 달성으로 끝났습니다.

하지만 경제 공부를 한 우리는 아이에게 적금 통장이 왜 필요하고, 적금이 만기가 되면 이 돈을 어떻게 할지에 대해서도 함께 고민하면서, 아이에게 스스로 금융에 대해 생각해보는 기회를 줘야 합니다.

두 번째는 투자 통장입니다. 투자 통장은 증권사에서 만드는 것을 추천합니다. 요즘에는 대부분 종합계좌를 개설하는데, 주식을 비롯해 펀드, ETF, ELS, RP, 채권 등 다양한 상품을 하나의 계좌에서 운용할 수 있기 때문입니다. 개설 방법도 간편합니다. 본래는 지점 방문 개설이 원칙이었으나, 주식 증여, 공모주 투자 등으로 부모가 자녀 계좌를 개설하는 경우가 늘어나면서 현재는 증권사 MTS와 HTS에서 비대면 계좌 개설이 가능합니다.

투자 통장을 만들어줘야 하는 이유는 아이가 어릴 때부터 다양한 투자 종목을 접하고, 그만큼 자산 형성을 위한 노력을 빠르게 시작하기 위해서입니다. 요즘에는 공모주 투자, 소수점 투자 같은 소액 투자도 있어 부담 없이 시작할 수 있습니다.

마지막으로 청약 통장이 있습니다.

미성년자 청약 통장 개설 방법

- **가입 방법** : 은행 방문(온라인X)
- **가입 서류** : 보호자 신분증, 가족관계증명서 상세(주민 등록번호 공개), 기본증명서 상세(방문 기준 3개월 이내 발급분만 인정), 자녀 도장

청약 통장은 일반 입출금 통장과 만드는 방법이 동일합니다. 그래서 은행에 가면 입출금 통장과 함께 개설하는 것을 많이 권합니다. 이때 주의해야 합니다. 청약 통장은 주택 정책에 따라 통장의 인정 금액 및 범위가 달라져, 굳이 인정되지 않은 시기부터 통장에 돈을 필요가

없습니다. 오래 가입할수록 좋다는 말만 믿고 개설하면, 무의미하게 자금만 묶이고 효율성이 떨어지니 유의해야 합니다.

그럼에도 불구하고 미성년자가 주택청약 통장을 꼭 가입해야 하는 이유는 성인 이전 납부 이력도 인정되는 범위가 있기 때문입니다. 0세부터 가입해서 저리의 통장에 자금을 묶어두는 것이 아니라 납부 인정 가능한 시기에 개설하는 것이 청약 통장의 가장 효율적인 운용 방안입니다.

현재 미성년자 청약 통장 인정 범위는 가입기간 60개월, 인정회차 60회, 인정금액 1,500만 원으로, 만 14세부터 청약 통장 납입한도인 월 25만 원씩 납입하면, 만 20세가 되는 해에 최대로 인정받을 수 있는 기간과 회차, 금액을 모두 채울 수 있습니다.

이 3가지 통장을 저는 어떻게 만들고 활용하고 있을까요? 저는 3가지 통장 모두 아이가 태어난 직후 만들었습니다. 특히 적금 통장은 아이 출생신고 후 받을 수 있는 아동수당 지급 통장으로 사용하면, 우대금리를 주는 고금리 상품이 많아 수당을 받으면서 적금까지 한 번에 해결할 수 있습니다.

투자 통장은 증권사와 연계된 은행에 가서 만들었습니다. 은행과 증권사 업무 연계로 여러 증권사 계좌를 한 번에 만들 수 있습니다.

만약 아이가 신생아 때 투자 통장을 만들려고 계획하는 분은 은행에 방문해 여러 계좌를 한 번에 만드는 것도 좋은 방법입니다.

투자 통장을 만들 때 증권사 선택의 기준은 수수료와 앱 편의성입니다. 그래서 앱을 먼저 체험해 보는 것이 좋습니다. 주식 주문 메뉴가 편한 곳, 앱에서 얻을 수 있는 정보가 많은 곳, 전문가 의견을 보기 쉽게 정리한 곳, 간편 로그인, 모바일 OTP 발급이 쉬운 곳 등을 기준으로 체크하면, 아이 계좌 선택에 어려움이 없을 것입니다. 또, 각 증권사마다 아이 계좌를 만들 때 주는 이벤트 선물이 있으니 이것도 빼놓지 말고 꼼꼼하게 챙기면 좋습니다.

청약 통장은 저도 월 2만 원만 넣으면 된다는 은행원의 권유로, 0세에 다른 통장과 함께 개설한 것이 아쉬움으로 남습니다. 신생아를 두고 한정된 시간에 은행 업무를 빠르게 보려다 보니, 일단 만들어두자는 생각으로 개설했지만, 굳이 이득도 되지 않은 통장에 2만 원씩 넣는 것은 비효율적인 판단이었습니다. 앞서 설명한 것처럼 아이가 성인이 되기 전에 납부한 이력을 인정해주는 기간이 만 14세부터라 0세부터 굳이 2만 원씩 넣을 필요가 없습니다. 청약 통장은 특수 목적이 있어 미성년자 납입 인정이 되는 60개월(600만 원) 직전에 가입하는 것이 장기간 저금리에 자본이 묶이는 것을 방지하는 방법입니다. 이걸 뒤늦게 알게 돼 지금은 빈 통장으로 두고 아이가 만 14세가 되는 해부터 월 25만 원씩 납입할 계획입니다.

📖 정리해요

미성년자 자녀에게 만들어 줘야 하는 통장에는 적금 통장, 주식 통장, 청약 통장이 있습니다.

만드는 순서

- **적금 통장**

  : 아동수당 받는 통장과 함께 연계된 고금리 적금을 선택해요.

- **주식 통장**

  : 은행에 방문하면 여러 증권사 계좌를 한번에 개설할 수 있어요.

- **청약 통장**

  : 만 14세부터 청약 통장 납입 이력이 인정되니 나중에 만들어요.

미성년자 자녀 주식계좌 개설 방법
: 온라인 비대면, 방문

최근 미성년자 자녀 주식계좌 개설 열풍은 공모주 투자 제도 변경이 가져온 효과입니다. 본래 자본금이 많아야 공모주 배정을 많이 받았던 과거와 달리, 이제는 개인 계좌별로 공모주 청약의 기회를 균등하게 배분하는 균등배정 제도가 생기면서 가족 단위 공모주 투자가 활성화되고 있습니다.

한 가족을 그룹이라고 생각하면, 일단 머릿수가 많아야 1주라도 더 배정 받을 가능성이 커집니다. 미성년자 자녀를 포함해 3인 가족이 되면, 1인보다 공모주를 1주라도 더 받을 가능성이 커져, 자연스럽게 자녀 명의 계좌 개설이 늘어났습니다.

주식계좌 방문 개설

〈 방문 개설 시 준비물 〉

부모님 신분증, 자녀 기본증명서(상세), 가족관계증명
서(상세) 또는 주민등록등본(3개월 이내 발급분), 자녀 도장

방문 개설의 좋은 점은 뭘까요?

자녀 다계좌 개설대행 신청서(방문용)

저는 국민은행 연계로 KB증권, 현대차증권, IBK투자, NH투자, 한국투자, 하나증권 등 6개 증권사 계좌를 개설했습니다. 여기서 끝이 아니고, 3개월 이내에 각 계좌별로 내점, 앱, 홈페이지 중 한 가지 방법으로 본인인증을 완료해야 합니다.

그렇다면 왜 장점이라고 소개한 것일까요? 대포 통장으로 인한 개인 금융 피해가 생기면서 많은 금융사가 2016년부터 단기간 다수 계좌 개설이나 목적이 불분명한 입출금 통장 개설을 제한하고 있습니다. 2020년 금융감독원에서 이에 대한 제한 규제를 폐지했지만, 많은 금융사가 새로운 계좌 개설 시 20일 영업일 제한을 지속하고 있어, 여러 계좌를 동시에 만들 수 없습니다.

따라서 직접 은행에 방문해 연계기관 다계좌 개설을 진행하는 것은 사후 인증이 필요한 귀찮은 일임에도 불구하고 공모주 투자를 위한 단기 다수 계좌 개설에는 유리합니다.

주식계좌 온라인 비대면 개설

온라인 개설 시 준비물

자녀 상세기본증명서(자녀 기준, 주민등록번호 공개),
가족관계증명서, 부모님 신분증 및 휴대폰, 부모님 타행
계좌(최근 3개월 이내 발급된 서류분)

온라인 자녀 계좌 개설 준비물(출처 : NH투자증권, 신한투자증권)

온라인 비대면 계좌 개설은 지점을 방문하지 않아도 돼 편하지만, 지점 방문보다 업무처리가 느리고 서류가 미비하거나 신분증 인식이 잘 되지 않으면 반려를 당하기도 합니다. 하지만 최근 정부24와 전자지갑 연계로 각종 증명서는 전자지갑 번호만 입력하면 자동으로 제출돼 담당자 확인만 되면 통과되는 경우가 많습니다.

온라인 자녀 계좌 개설 준비물은 자녀 인증과 부모 인증으로 나넘니다. 자녀 인증을 위한 기본증명서(상세), 가족관계증명서(주민등록번호 전체 공개)는 자녀 기준으로 발급받고, 정부24에서 보내기 기능을 활용하면 됩니다.

부모 인증도 단순히 신분증, 다른 금융기관 계좌 확인만 하는 수준이라 준비에 큰 어려움은 없습니다.

증명서 서류 제출 한 번에 통과하기 팁

서류 제출 시 전자증명서를 PC로 출력했다면, 이를 휴대폰으로 촬영해서 사진을 업로드해야 하는데, 판독에 따라 반려될 수 있습니다. 이러면 서류를 보완하거나 신규 신청을 해야 해 귀찮은 과정을 반복할 수 있습니다. 하지만 전자증명서를 이용하면 이러한 귀찮은 과정 없이 바로 통과될 수 있습니다. 그래서 증권사도 정부24 앱에서 전자증명서 다운로드를 권하고 있습니다.

전자증명서를 보내서 문서 열람번호를 메모하고, 이를 기입하는 방식으로 진행하면 업무 처리 속도가 훨씬 빠릅니다.

전자증명서 제출 순서

1. 정부24 앱 접속

2. 가족관계증명서 발급

3. 대법원 전자가족관계등록시스템 자동 연결

4. 증명서 신청하기(전자문서 지갑으로 수령하기 선택)

5. 정부24 앱 전자증명서 접속

6. 내 증명서 보내기

7. 문서 열람번호 메모

8. 증권사 계좌 개설 신청 서류 시 문서 열람번호 기입

< 자녀 계좌개설 ∨

쉽게 관리해요!

자녀를 위한 금융 교육 >
쉽고 재미있게 알려드려요

인증서 발급하기 >
자녀 인증서로 로그인할 수 있어요

서류 발행번호 변경 >
변경이 필요한 경우 변경할 수 있어요

소수점 투자하기 >
소액으로 국내/해외주식 주문 가능해요

유의하세요

• 자녀 계좌개설은 증명서 진위 확인 후 개설이 완료됩니다. 개설 신청 후 완료까지 3~4영업일이 소요될 수 있으니 거래에 참고하시기 바랍니다.
• 투자자는 금융투자상품에 대하여 신한투자증권으로부터 충분한 설명을 받을 권리가 있으며, 투자전 상품설명서 및 약관을 반드시 읽어보시기 바랍니다.
• 금융투자상품은 예금자보호법에 따라 예금보험공사가 보호하지 않습니다.

자녀 계좌 개설 관리 안내문(출처 : 신한투자증권)

남의 돈으로 시드머니 모으기

시드머니는 투자에서 아주 중요한 역할을 합니다. 같은 수익률이라도 시드머니가 클수록, 수익이 커집니다. 시드머니를 모으는 과정은 길고 지루합니다. 내가 영위하던 생활에도 영향을 미쳐 괴로울 수 있습니다.

만약 0세부터 증여를 시작하겠다고 한다면, 지출이 많은 신생아 시절에 시드머니를 모으는 것은 상상하기 어렵습니다. 분유나 기저귀처럼 꼭 써야 할 것이 많으면, 돈을 모으기가 쉽지 않습니다. 그래서 이 시기에 '남의 돈으로 시드머니 모으기'를 실천하면, 부담 없이 재테크를 시작할 수 있습니다.

새뱃돈

우리나라는 설에 덕담과 함께 아이에게 새뱃돈을 줍니다. 새뱃돈을 잘 활용하면, 아이 종자돈 모으기를 쉽게 시작할 수 있습니다.

여기서 중요한 건 엄마가 지출하는 새뱃돈과 아이가 받는 새뱃돈을 구분하는 것입니다. 어차피 우리집에서 나갈 돈이니 아이 주머니에서 꺼내 주거나, 당장의 지출을 갈음하자는 생각으로 접근하면 절대 시드머니를 모을 수 없습니다.

아이 새뱃돈을 분리해 투자한다는 생각으로 바로 아이 통장에 입금해야 다른 데로 흘러가지 않습니다. 아이 입장에서는 어른들의 관심과 사랑이 통장에 찍혀 역사가 되니 서로에게 좋습니다.

백일, 돌잔치

생각보다 백일, 돌잔치로 받는 축의금이 큽니다. 행사 비용을 빼도 많이 남을 수 있고, 금반지는 안전자산이라 장기 보유할수록 수익성이 커진다는 사실도 매력적입니다. 또, 당장은 증여한 것이 아니니 세금이 발생되지 않는다는 점도 부모 부담을 줄여줍니다.

저는 가족끼리만 백일과 돌잔치를 했는데, 합쳐서 순금 15돈 정도가 생겼습니다. 현재 시세로 1돈당 40만 원 정도니, 600만 원의 자산이 생긴 셈입니다. 2년 전 아이 백일에는 1돈에 27만 원 정도 했던 금 시세가 지금은 40만 원을 하니, 보관만 하고 2년간 195만 원의 차익이 생겼습니다. 이것을 어떻게 활용할까 한참 고민하다 당장 금반지를 팔아 투자금을 마련하는 것보다 상대적으로 변동성이 작은 금은 잘 보관하다 금값이 고점이라고 생각하면 매도해 주식, 펀드로 자금을 이동시킬 생각입니다. 여러분도 잠자고 있는 금반지를 주식 상승시기에 투입할 예비자금이라고 생각하고 증여를 계획하면 어떨까요?

아동수당, 출산지원금 등

우리나라에서는 만 8세 미만 아동을 키우는 부모에게 매월 수당을 지급합니다. 출생신고를 하면 바로 보호자나 아동 본인 통장으로 입금받을 수 있습니다.

아동수당은 월 10만 원으로, 1년에 120만 원, 8년이면 총 960만 원입니다. 이것만 모아도 아이에게 충분한 투자 종자돈을 마련해 줄 수 있습니다. 매월 고정적으로 들어오니, 생활비로 흐지부지 써버리는 대신 모으면 확실한 시드머니가 될 수 있습니다.

아동수당 외에도 각 지역별로 나오는 출산지원금도 있습니다. 인구감소 지역이라면 상당히 많은 지원금이 나오니 이를 활용하는 것도 좋은 방법입니다. 출산지원금은 각 시군구별로 다르고, 지역 상품권을 주는 곳도 많으니, 잘 알아보고 증여 계획을 세우는 게 좋습니다.

남의 돈으로 시드머니 모아주기 포인트! $⑤$ $⑤$

중요한 것은 경비로 지출할 돈과 새로 생기는 돈을 철저히 구분하는 것입니다. 아이가 받을 돈을 생각해서 지출하면 남는 돈이 없으니 아이를 위해 종자돈을 새로 모아야 합니다. 이러면 부담스럽고 하기 싫어집니다. 나중에 증여 부담을 줄이기 위해서는 아이로 인해 생기는 돈을 철저히 구분해 지출을 막는 것이 무엇보다 중요합니다.

Part 2

0세부터 출발하는

증여 스타트 플랜

1

0세부터 시작하는
투자 생활

2.2.5를 아시나요?

증여세 공제 금액(면제 한도)을 알고 있는 분이라면, 최근 유행하는 2.2.5를 쉽게 알아챌 수 있습니다. 증여세는 10년을 기준으로 합산 과세되는 세금입니다. 2.2.5란 10년마다 리셋되는 증여세 면제 한도 금액을 최대한 활용해, 아이 1명이 성인이 될 때까지 합법적으로 세금 없이 최대한 많은 금액을 증여하는 것을 말합니다.

A : 만 0세에 2천만 원 증여 : 투자원금 2천만 원

B : 만 10세에 2천만 원 증여 : 투자원금 4천만 원 + A의 10년 투자 수익금

C : 만 20세 5천만 원 증여 : 투자원금 9천만 원 + A의 20년 투자 수익금 + B의 10년 투자 수익금

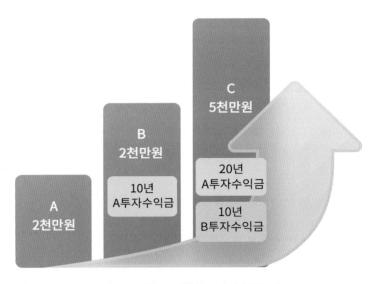

증여세 면제 한도를 이용한 증여 자산 증식 예

이 계획에 따르면, 만 0세부터 만 20세까지 20년에 걸쳐 증여를 시행할 때, 공제액 최대 금액인 9천만 원을 증여할 수 있습니다. 미성년자 시절에는 2천만 원씩 2회, 성인이 되는 해에는 5천만 원으로, 총 9천만 원을 세금 없이 증여할 수 있습니다.

자세히 살펴보겠습니다. 만약 증여를 만 0세부터 시작한다면, 2천만 원의 투자금을 증여하고, 10년 후 만 10세에 증여한다면, 투자금은 4천만 원, 거기에 A를 10년간 운영한 투자 수익금까지, 플러스 알파를 확보하는 셈이지요. 만 20세는 성년이 되는 해라 5천만 원까지 증여할 수 있어, 원금은 총 9천만 원이 됩니다. 여기에 A를 20년간 투자한 수익금과 B를 10년간 투자한 수익금이 발생하면서, 시간 누적에 따른 장기투자 효과가 나타납니다. 따라서 세금을 내지 않으면서 최대한 많은 금액을 증여하고 싶은 부모님은 면제 한도 주기인 10년마다 계획적으로 증여하기 위해 액수를 2.2.5천만 원으로 정하면 좋습니다.

2.2.5를 선호하는 또 다른 이유는 일단 아이 명의 통장에 있는 돈은 부모가 쉽게 꺼내서 다른 용도로 쓰기 어려워 원금 보존이 용이하기 때문입니다. 대학교 등록금, 결혼 준비, 주택 마련 등 성인이 된 이후에 필요한 목돈은 부모 입장에서도 그때그때 내주기 힘들 수 있습니다. 그래서 지출 시기를 예상하고 사전 증여로 아이 통장에서 안전 자산에 투자하고, 이를 가끔씩 확인하는 정도로만 관리하는 분도 있습니다.

저의 증여 스토리를 이야기해 보면, 아예 아이를 낳기 전부터 남편과 증여 계획을 세우고, 자금을 따로 마련했습니다. 남보다 빠른 편이었고, 이는 제가 경제 공부를 꾸준히 하면서 재테크가 주는 힘을 실제 피부로 느꼈기 때문입니다. 첫 10년 동안 증여 목표 금액은 2천만 원이었고, 태어나자마자 바로 증여하는 것을 1차 목표로 정했습니다. 물론 2차 목표도 마찬가지로 만 10세에 2천만 원을 증여하는 것이지만, 1차 목표 금액인 2천만 원 보다 더 큰 금액을 모아보려고 합니다. 왜냐하면 청소년기 지출이 영유아 시기보다 더 많기 때문입니다. 물가 상승, 비용 상승을 감안하면, 초등기 이전보다 더 큰 지출이 예상되기에, 아이가 0세~10세 구간에 많은 돈을 모아야 합니다. 그래야 다음 10년 주기인 만 20세에 5천만 원을 증여할 수 있으리라 생각하고 있습니다.

열심히 계획을 세우고 바로 실행에 옮긴 2년이 지난 지금, 2천만 원은 얼마가 됐을까요?

2022년 11월에 2천만 원을 증여하고, 2024년 12월 기준으로 현재 아이 계좌의 총 자산평가액은 4,251만 원입니다. 투자하고 2년 만에 투자금의 112%인 2,251만 원의 수익을 낸 것입니다. 제가 투자의 귀재라 가능했을까요? 전혀 아닙니다.

단지 증여를 미리 준비하고 빠르게 실행한 덕분입니다. 제가 아이 계좌를 운영하는 목표는 오로지 장기투자로 가져갔을 때 최대한 안정적인 수익 구조를 만드는 것입니다. 제가 매수한 종목, 매수 이유, 수익을 낸 과정 등은 뒷장에서 자세히 다뤘으니, 잘 따라오시면 어렵지 않게 증여 계획을 실행할 수 있을 겁니다.

현금으로 줄까? 주식으로 줄까?

증여는 다양한 형태의 재산을 생전에 수증자에게 주는 것입니다. 따라서 어떤 재산을 줄 것이지는 스스로 선택할 수 있습니다. 100% 현금을 줄 수도 있고, 주식이나 부동산 등의 자산을 넘겨줄 수도 있습니다.

아이에게 재산을 물려준다고 생각할 때, 가장 쉬운 방법은 현금을 증여하는 것입니다. 부모님이나 조부모님이 갖고 있던 주식을 물려주는 경우도 있습니다. 둘 다 장단점이 있으며, 각각의 특징을 자세히 알아보겠습니다.

현금 증여

현금 증여는 가장 보편적인 방법입니다. 실행 방법도 단순합니다. 증여하려는 현금을 아이 명의 통장에 이체한 뒤 국세청에 신고하면 끝입니다.

거래일자	수량	가격	이자	잔고수량	상대계좌명
거래유형	거래금액	수수료	세금	예수금잔액	받는통장표시내용
2022.12.27					김민지
이체입금	1,000,000			14,033,911	김민지
2022.12.12					김민지
이체입금	13,000,000			13,033,911	김민지

현금 증여 예시

보통 현금 증여는 앞에서 언급한 세뱃돈, 용돈, 아동수당 등을 차곡차곡 모아서 주는 경우가 많습니다. 아이 계좌로 매달 소액을 적립해서 주는 방식이 있고, 부모 명의로 모아서 목돈을 한 번에 주는 경우도 있습니다.

저는 현금 증여를 계획하면서 미리 2천만 원을 마련했지만, 출산

전에 제가 포트폴리오에 넣으려고 했던 주식의 매수 타이밍이 오는 바람에 현금과 주식 혼합 형태로 증여하게 됐습니다. 70%는 현금으로 이체하고, 나머지 30%는 미리 산 주식을 증여해, 현금과 주식 혼합으로 2천만 원을 증여했습니다. 만약 증여 계획을 세우려고 한다면, 이런 혼합 방식도 가능하니 아이가 태어나기 전 주식 매수 타이밍이 왔다면, 이를 잡아도 됩니다.

목돈을 아이 계좌에 바로 입금하는 현금 증여는 증여일자가 명확해 세금 신고가 비교적 간단합니다. 물론 소액으로 적립해서 자산을 만들어 주는 것도 틀린 방법은 아닙니다. 다만 세금 신고에서 조금 더 신경 써야 하는 것이 있으니, 기간과 금액을 잘 지켜 빠짐없이 신고, 등록하는 것이 중요합니다.

팁을 드리면 2.2.5 플랜에 맞춰 계획을 세울 때, 만 0세를 기준으로 가장 빠른 시기에 증여를 모두 끝마치는 것이 만 10세에 하는 2차 증여 시기를 앞당기는 방법입니다. 만약 2025년 1월 1일 태어난 아이에게 2025년 1월에 증여하는 것과 그해 12월에 하는 것은 11개월이라는 시간 차이가 발생합니다. 이후 다음 10년 주기가 도래했을 때, 마찬가지로 추가 투자 시기를 앞당기느냐, 늦추으냐의 차이가 있으니, 이런 시간 차이도 고려하는 게 좋습니다.

저도 아이가 태어난 달과 실제 증여일까지 몇 개월의 공백이 있었는데, 기간을 좀 더 앞당겼다면 현재 수익률이 더 컸을 거란 생각에 아쉬움이 남습니다.

유기정기금 증여

앞서 이야기한 것처럼 보통 증여 계획을 2.2.5에 맞춰 짜는 분이 많습니다. 저도 아이가 태어나기 전부터 같은 계획을 갖고 2천만 원을 먼저 마련하고, 10년 동안 다음 2천만 원 증여를 위해 시드머니를 모으고 있습니다.

하지만 이렇게 목돈으로 주는 것이 부모에게는 상당히 큰 부담입니다. 아이 출산 전까지 2천만 원을 모아 만 0세가 되는 해에 바로 주는 것은, 그만큼 재력이 받쳐주지 않는다면 상당한 심리적, 경제적 압박이 될 수 있습니다.

한번 생각해봅시다. 꼭 증여를 목돈으로 해야 할까요? 매월 적금처럼 적립식으로 하는 방법은 없을까요? 당연히 있습니다. 바로 유기정기금이라는 방식으로 매월 적립식으로 증여하는 것인데 더 좋은 건 연 3% 복리 효과까지 얻을 수 있다는 것입니다.

자세히 설명하면, 유기정기금 증여란 매달 일정 금액을 일정 기간 동안 정기적으로 증여하는 것을 말합니다. 적금 붓듯이 매월 증여하는 금액과 기간을 정해 놓고, 국세청에 이 계획을 신고하는 것입니다. 예를 들어 내가 매월 20만 원씩 10년을 아이에게 증여하겠다고 신고하면, 나라에서 이에 대한 연간 이자율을 산출해 원금에서 할인해 줘 궁극적으로는 복리 효과까지 함께 얻을 수 있습니다.

개념이 좀 어려운가요? 연간 이자율 개념은 화폐 가치를 시간에 대입해 이자를 좀 더 쳐주겠다는 것입니다. 현재 화폐 가치가 시간이 지남에 따라 물가 상승률에 의해 하락할 것을 예상해서, 이에 대한 할인율을 연 3%로 적용해 주는 것입니다. 유기정기금 제도를 활용하면 세금을 내지 않고 3% 만큼을 아이에게 더 증여할 수 있습니다.

유기정기금 이자율이 공시된 상속세 및 증여세법 시행규칙

(출처 : 국세법령정보시스템)

그 근거는 상속세 및 증여세법 시행규칙 제19조2(신탁의 이익 및 정기금을 받을 권리의 평가)에 있습니다. 관련 법에 따르면, 유기정기금은 기획재정부령으로 정하는 방법에 따라 추산한 증여금액을 물가상승률을 반영해 현재 가치로 3% 할인된 금액으로 계산하는데, 줄어든 원금에 매년 할인을 적용하는 방식이라, 장기적으로 증여세가 낮아지는 효과가 있습니다. 그렇다면 10년 동안 매월 동일한 금액으로 나눠서 줄 때 어떻게 해야 가장 효율적일까요?

10년 계획	불입횟수(월)	원금	할인평가액
1년 차	9회	1,800,000원	1,800,000 원
2년 차		2,400,000 원	2,330,097 원
3년 차		2,400,000 원	2,262,230 원
4년 차		2,400,000 원	2,196,340 원
5년 차	매월 1회 연 12회(9년)	2,400,000 원	2,132,396 원
6년 차		2,400,000 원	2,070,261 원
7년 차		2,400,000 원	2,009,962 원
8년 차		2,400,000 원	1,951,420 원
9년 차		2,400,000 원	1,894,582 원
10년 차		2,400,000 원	1,839,400 원
합계		23,400,000원	20,486,661원

세금 없는 유기정기금 10년 플랜

세금 없는 유기정기금 증여를 계획한다면, 매월 20만 원씩, 10년
을 불입하는 것이 가장 효율적입니다. 할인평가액을 증여세 면제 한

도에 맞추기 위해서 1년 차에는 편의상 9회만 납입해 원금을 180만 원으로 하면, 총 불입원금은 2,340만 원이 됩니다. 여기에 연 3% 할인을 적용해 할인평가액을 10년간 합산하면 총 2,048만 6,661원이 됩니다. 결과적으로 세금 없이 원금을 340만 원 더 증여하게 됩니다.

할인평가액이 약 48만 원을 초과해 이에 대한 세금 부과를 걱정할 수도 있는데, 당연히 이것도 세금은 내지 않습니다. 그 이유는 상속세 및 증여세법 제55조에 '과세표준이 50만 원 미만이면, 세금을 부과하지 아니한다'라고 명시돼 있기 때문입니다. 그래서 초과된 48만 6,661원은 세금을 내지 않아도 돼, 실질적으로 2,340만 원을 증여하고, 세금은 0원이 됩니다.

정리하면, 유기정기금 증여의 연 3% 이자율 덕분에 비과세로 원금 340만 원을 더 물려주게 되는 것입니다. 소액 증여를 계획하는 부모님은 당연히 알아야 하는 개념입니다.

유기정기금 증여는 세금 신고도 비교적 간단합니다. 사전 증여계약을 체결한 뒤 첫 증여 이후 3개월 이내에 증여계약서 등의 서류를 첨부해 홈택스 및 관할 세무서에 직접 신고하면 됩니다.

아직 투자에 두려움이 있거나, 처음 투자를 시작하는 부모님이라면 이 유기정기금 방식을 시도하는 것도 좋습니다. 저도 언니와 동생

에게 조카에게 증여하고 주식에 투자하라고 늘 잔소리를 하지만, 2천만 원을 준다는 게 큰 부담인 것을 알기에, 이 유기정기금 방식을 권했습니다. 언니와 동생 모두 증여할 생각은 있었지만 목돈 주는 것이 부담이었는데, 이렇게 조금씩 매달 증여 후 적립식으로 주식을 사줄 수 있는 방법이 있으니 앞으로는 투자 공부를 열심히 해서 불려주겠다고 했습니다.

연 복리 3% 효과를 얻을 수 있는 이런 제도적인 혜택도 활용하면서, 상황에 맞게 증여 계획을 세우는 것도 좋은 공부 방법입니다. 우리 아이 자산을 늘리는 방식은 다양한 방법으로 상황에 맞게 계획하는 것이 가장 좋습니다.

주식 증여

주식 대체 출고 화면(출처 : 삼성증권)

다음으로는 주식을 직접 증여하는 방법입니다. 주식 증여도 방법은 간단한데, 증여하려는 종목을 보유하고 있는 해당 증권사 앱

(MTS), PC(HTS), 지점에서 '주식 대체 출고'를 신청하면 간편하게 처리할 수 있습니다.

최근에는 자녀에게 주식을 직접 증여하는 대체 출고가 늘고 있습니다. 대부분 부모가 보유하던 종목을 장기투자 계획에 따라 자녀에게 넘기는 케이스입니다. 단기적으로는 손해지만, 일시적인 주가 조정이라고 생각되면 오히려 매수 단가를 낮춰 자녀에게 줄 수 있어 선호하기도 합니다. 주식 증여의 경우, 증여일로부터 2개월 전후 평균 매수가로 단가를 산정하기 때문입니다. 내가 아이에게 넘겨주는 증여일 당시의 종가 기준이 아니라, 해당일을 기준으로 2개월 전후 기간 평균 단가로 증여금액을 계산한다는 뜻입니다.

만약 내가 1만 원짜리 주식 100주를 사서 2개월 후 주가가 올라 1만 5,000원이 됐고, 이를 자녀에게 증여했는데, 2개월 후 이 주식이 2만 원이 됐다면, 증여금액을 어떻게 산정할까요?

증여 당시 단가인 1만 5,000원으로 산정하는 것이 아니라, 증여한 날의 2개월 전후 기간 장종가를 기준으로 평균 단가를 산정합니다. 이 방법이 어렵게 느껴진다면 KRX 정보데이터시스템(한국거래소 사이트)에서 평가가액을 구할 수 있습니다.

주식 개별종목 단가 계산법(출처 : 한국거래소 정보데이터시스템)

주식 개별종목 단가 계산법

- 한국거래소 정보데이터시스템 접속

- 주식 → 종목 시세 → 개별종목 시세 추이 클릭

- 종목명(코드) 검색

- 조회기간을 주식 증여일 전후 2개월로 설정 후 검색

- 엑셀 다운로드 → 종가 일자별 합산

- 합산액을 일수로 나누면 단가 산정 완료

보통은 홈택스에서 증여세 신고할 때 자동 계산 기능을 이용할 할 수 있으니 크게 걱정하지 않아도 됩니다.

주식 증여에서 중요한 것은 내가 아이에게 증여하려는 종목의 매수 타이밍을 잘 잡는 것입니다. 저의 당초 계획은 해외주식 70%, 국내주식 30% 비율로 포트폴리오를 채우는 것이었는데, 국내주식 보유 종목으로 가장 우선순위에 두고 있던 삼성전자가 아이가 태어나지도 않았는데, 계속 주가가 떨어지는 상황이었습니다. 매수 타이밍이 고민되던 차에 좀 더 장기적 안목으로 지금 당장 매수해도 배당과 세금 등을 고려하면 손해 볼 것 같진 않았습니다.

오히려 매수에 확신이 있는데도 현금 증여만 고집해, 나중에 아이가 데이나고 매수 시점에 주가가 올라 있다면 손해라는 생각이 들었습니다. 그래서 미리 매수하고 나중에 주식 대체 출고로 주식 증여를 완료했습니다.

결과적으로 그때 삼성전자를 매수한 것은 잘한 일이었습니다. 2년 정도 반도체 사이클이 하락세라 고전을 면치 못했지만, 꾸준히 분할 매수했고, 주가가 떨어졌을 때도 배당금을 받아 재투자하면서 보유량을 늘렸습니다. 그래서 반도체가 다시 상승세에 올라왔을 때 매도해 수익을 내고, 다시 저평가된 유망 종목을 매수할 기회를 가질 수 있었습니다.

주식 증여는 부모 자녀 간에만 이루어지는 것이 아닙니다. 양도 소득세 절감을 위해 부부간 증여가 늘고 있습니다. 그래서 개인 판단이 더욱 중요한 때인 것 같습니다. 시장 상황을 올바르게 판단하면서 세금, 장기 보유, 매수단가 등의 요소를 면밀히 고려해, 나에게 해당되는 사안을 명확하게 파악하고 행동하는 것이 필요합니다.

돌반지 대신 금 ETF, KRX금시장으로 받자

이번에는 모아둔 금을 어떻게 투자할지에 대해 좀 더 이야기해 보겠습니다. 금은 증여하기 정말 좋은 상품 종목입니다. 보통 가정에서 현물 금이 생기는 시기는 아이 백일과 돌 때입니다. 현물 금이 받을 때는 좋지만, 가정집에서 보관하기에는 부담스럽고, 선물하는 사람 입장에서도 세공비가 포함된 가격으로 구입하는 것이라 쓸데없는 간접 비용이 발생합니다. 안전자산으로는 훌륭하지만, 의외로 재테크 관점에서 현물 금의 활용도는 떨어집니다. 그렇다면 백일, 돌반지 대신 금을 재투자가 용이한 형태로 받을 수 있을까요?

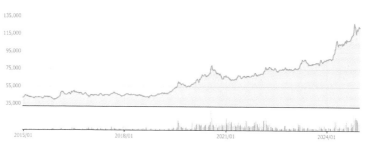

국내 금 (원/g)

123,430 ▾ 20(-0.02%)

• **한국거래소** · 신한은행

1일　3개월　1년　3년　**10년**

135,000
115,000
95,000
75,000
55,000
35,000

2015/01　　　2018/01　　　2021/01　　　2024/01

금 시세 최근 10년 차트(출처 : 네이버페이증권)

　금 시세는 최저점을 기록한 2015년 12월 g당 3만 9,134원이었지만, 2024년 12월에는 g당 12만 3,430원이 됐습니다. 9년 동안 잘 간수만 해도 215%의 수익을 달성할 수 있었습니다.

　과거 데이터만 봐도 금의 가치는 꾸준히 상승했는데, 최근에는 국제 정세 불안으로 그 가치가 천정부지로 치솟고 있습니다. 변동성이 강한 주식보다, 실제 보유할 수 있고 자산 가치 하락이 크지 않은 금을 선호하면서, 금값이 계속 사상 최고치를 기록하고 있습니다. 그러니 이런 시기에 금이 들어오는 기회를 놓쳐서는 안 되겠죠?

　저는 앞에서 금의 활용도를 재테크 관점으로 본다고 했습니다. 그렇다면 왜 반지 대신 금 ETF, KRX금시장을 추천할까요? 바로 세금 혜택이 있기 때문입니다. 특히 KRX금시장은 비과세 혜택으로 얻을 수 있는 수익이 다른 금 투자 상품 대비 독보적으로 커, 꼭 알아야 하는 금 투자 방법입니다.

구분		KRX금시장	골드뱅킹(은행)	금펀드
거래단위		1g 단위	0.01g 단위	상품별로 상이
가격		경쟁매매가격 시장에서 형성되는 실시간 가격	고시가격 원화로 환산된 국제가격을 고려한 은행고시가격	상품별로 상이
장내 거래	수수료	증권사 온라인 수수료 : 0.3% 내외	통장거래시 : 매매기준율 x 1%	선취수수료 : 1~1.5%
	세금	양도소득세 비과세 부가가치세(10%) 면제	매매차익에 대한 배당소득세 : 15.4%	매매차익에 대한 배당소득세 : 15.4%
인출	인출 비용	골드바 한개당 2만원 내외	실물인출시 수수료율 : 매매기준율의 4~5% (1kg 기준 수수료 약 380만원)	실물 인출 불가
	세금	부가가치세 (거래가격의 10%)	부가가치세(거래가격의10%)	
	소요 기간	증권사 지점에서 인출(수령) 가능 (약 2일 소요)	은행 영업점에서 인출(수령)가능 (약 1주일 소요)	-

금투자 상품 비교(출처 : KRX 한국거래소)

KRX금시장으로 금을 장내 거래하면 생기는 세제 혜택은 금융소득종합과세 비대상, 양도소득세 비과세, 배당소득세 비과세입니다. 부가가치세는 장내 거래만 면제되고 인출하면 10%가 부과됩니다.

그 외에도 KRX금시장 참여 증권사, 선물사에서 거래하면 주식처럼 실시간으로 1g 단위로 사고팔 수 있어 소액 투자에 용이하며, 거래가 간편하다는 장점이 있습니다.

반면 실물 금반지는 세공비, 감가상각 등으로 발생되는 부대비용 지출이 있고, 장시간 보관 시 분실 우려가 있습니다. 아이 이름으로 KRX금시장 계좌를 만들고, 아이에게 금반지를 사준다는 분께 "KRX금시장 계좌로 주시면 더 크게 불려보겠습니다."라고 재치 있게 말하면 어떨까요?

또, 금 ETF는 운용 수수료가 발생하지만, 연금 계좌 같이 장기간 운용하는 계좌에서 적립식으로 매수하면 세금을 아낄 수 있습니다. 국내 상장된 금 ETF는 원자재 ETF로 분류돼 매매 차익이 발생할 경우 이에 대한 배당소득세 15.4%를 내야 합니다. 하지만 만약 연금 계좌로 운용하면 세제 혜택이 있어 활용도가 높은 종목이기도 합니다.

저도 처음 투자를 공부했을 때, 우선적으로 KRX금시장 계좌를 개설하고, 1g씩 매수했습니다. KRX금시장 거래를 한 이유는 세금이 없어 간접 비용이 들지 않아서 좋았고, 수수료가 발생되지만 실물로 인출할 수도 있어 다른 수단과 비교했을 때 더 안전하게 느껴졌기 때문입니다.

금 ETF는 제가 처음 투자 공부를 시작했을 때는 선물만 거래되던 시기라 ETF라고 해도 안정성에 의구심이 들었고, 펀드 형태로 운용돼 꽤 많은 수수료가 나가 투자 종목에서 제외했었습니다. 현재는 한국투자신탁운용에서 KRX금현물 지수를 추종하는 ETF인 'ACE KRX금현물 ETF' 상품을 출시했습니다. 하지만 어차피 이 지수를 추종하는 ETF를 선택할 바에는 KRX금시장 계좌로 직접 거래를 하는 게 낫다고 판단됩니다.

금 펀드, 금 통장도 마찬가지였습니다. 오히려 'KRX금시장 계좌, 금 ETF에 비해 수수료도 많고, 거래도 불편한데 왜 굳이 해?'라는 생각이 들 정도로 KRX금시장 계좌 혜택이 독보적이었습니다.

여러분도 이렇게 다양한 금 투자방법을 알았으니, 이제 우리 아이 금반지는 아깝게 세공비 내지 말고 실리적인 KRX금시장 계좌로 받는 건 어떨까요?

증여세 면제 한도 이용해
합법적으로 세금 0원 만들기

"종자돈을 열심히 모아서 아이에게 증여하려는데, 세금 걱정이 듭니다. 어떻게 하면 세금을 내지 않고 증여할 수 있을까요?"라고 물으신다면, 제가 해결 방법을 알려드리겠습니다.

우리나라는 증여 재산 공제라는 것이 존재합니다. 일정 금액 이하는 세금을 부과하지 않는데, 이 면제 한도만 잘 기억하면 세금 걱정 없이 증여할 수 있습니다. 이 외에도 정부에서 신설한 신규 공제 항목과 다양한 절세 방법도 소개하겠습니다.

상속세 및 증여세법 [시행 2024.01.01.] [제19932호, 2023.12.31.] 일부개정

제53조 【증여재산 공제】

거주자가 다음 각 호의 어느 하나에 해당하는 사람으로부터 증여를 받은 경우에는 다음 각 호의 구분에 따른 금액을 증여세 과세가액에서 공제한다. 이 경우 그 증여세 과세가액에서 공제받을 금액과 수증자가 그 증여를 받기 전 10년 이내에 공제받은 금액(제53조의2에 따라 공제받은 금액은 제외한다)을 합한 금액이 다음 각 호의 구분에 따른 금액을 초과하는 경우에는 그 초과하는 부분은 공제하지 아니한다. <개정 2011.12.31, 2014.1.1, 2015.12.15, 2023.12.31>

1. 배우자로부터 증여를 받은 경우: 6억원
2. 직계존속[수증자의 직계존속과 혼인(사실혼은 제외한다. 이하 이 조에서 같다) 중인 배우자를 포함한다. 이하 제53조의2에서 같다]으로부터 증여를 받은 경우: 5천만원. 다만, 미성년자가 직계존속으로부터 증여를 받은 경우에는 2천만원으로 한다.
3. 직계비속(수증자와 혼인 중인 배우자의 직계비속을 포함한다)으로부터 증여를 받은 경우: 5천만원
4. 제2호 및 제3호의 경우 외에 6촌 이내의 혈족, 4촌 이내의 인척으로부터 증여를 받은 경우: 1천만원

[전문개정 2010.1.1]

 국세법령정보시스템
National Tax Law Information System

상속세 및 증여세법 제53조 증여 재산 공제(출처 : 국세법령정보시스템)

상속세 및 증여세법 제53조에 따르면, 성인이 직계존속에게 증여 받은 경우 5천만 원, 미성년자가 직계존속에게 증여 받은 경우 2천만 원을 증여세 과세가액에서 공제할 수 있습니다. 여기서 세금을 내지 않으려면 개인 기준으로 10년간 합산 총액이 공제액을 넘지 않아야 합니다. 아이를 기준으로 엄마, 아빠, 할아버지 등 다양한 증여자가 있어도 미성년자라면 수증자인 아이 개인이 받은 10년간 합산 금액이 2천만 원을 넘지 않아야 합니다.

증여재산공제액				
증여자	2003 ~ 2007	2008 ~ 2013	2014 ~ 2015	2016 ~
직계존속 ⇒ 직계비속 (수증자가 미성년자인 경우)	3천만원 (15백만원)	3천만원 (15백만원)	5천만원 (2천만원)	5천만원 (2천만원)
직계비속 ⇒ 직계존속			3천만원	5천만원
배 우 자	3억원	6억원	6억원	6억원
기타친족	5백만원	5백만원	5백만원	1천만원

✱ 위 증여재산공제액은 수증자가 거주자인 경우만 적용함 (비거주자는 공제액이 없음)

✱ 2006년 이후 증여분으로 증여재산이 창업자금(조특법 §30의5)이거나 ' 08년 이후 증여분으로 증여재산이 가업승계 주식(조특법 §30의6)이면 5억원율 공제함에 유의

✱ 2010.1.1.이후 증여분부터는 계부, 계모에 대해 직계존비속의 공제액율 적용함

우리나라 증여 재산공제액표(출처 : 국세청 홈택스)

    표로 보면 이해가 빠릅니다. 2003년부터 2013년까지는 미성년자 직계존속 증여 공제가 1,500만 원이었으나, 2014년부터 500만 원이 증가한 2천만 원이 됐습니다. 10년간 합산 금액으로 할아버지가 손자에게 증여해도, 아버지가 자녀에게 증여해도 미성년자는 2천만 원까지만 세금이 면제되는 것입니다.

    손자녀 증여의 경우 면제 한도를 넘기면 가산세 30%(미성년자는 40%)를 내야 합니다. 공제 금액을 잘 이용해서 합법적으로 세금을 면제받는 증여를 계획해야 절세할 수 있습니다.

2024년 신설된 혼인, 출산 증여 재산 공제(출처 : 기획재정부)

2016년에 제정된 상속세 증여세법은 시간이 지나 현재 실정과 맞지 않다는 주장이 많습니다. 우리나라는 자녀가 혼인할 때, 부모가 주택 마련에 도움을 주는 문화가 있어, 대부분 자녀 결혼적령기에 큰 금액을 증여합니다. 주택을 마련할 때 전세나 매매를 한다면, 수도권 기준으로 억 단위 자금이 필요합니다. 그러니 현재 제정된 공제액이

터무니없이 적어, 개정을 요구하는 목소리가 높았습니다.

2023년에 새롭게 상속세 및 증여세법 일부 개정 법률(안) 입법 예고가 있었고, 통과돼, 2024년 1월 1일부터 혼인 및 출산에 따른 증여 재산 공제 항목이 신설됐습니다.

직계존속에게 증여 받은 재산은 최대 1억 원까지 증여세 과세가액에서 공제되며, 혼인 신고일 이전 2년부터 이후 2년(총 4년) 또는 자녀의 출생일(입양의 경우 입양신고일)부터 2년의 기간이 적용됩니다.

기본공제 5천만 원과는 별도로 적용되며, 혼인공제와 출산공제 통합한도는 1억 원입니다. 만약 성인 이후 10년 내에 5천만 원을 받고, 혼인공제까지 1억 원을 별도로 받는다면, 총 1억 5천만 원이 비과세 대상이 됩니다. 이는 부부 각각으로 적용 받을 수 있으니, 양가 직계존속에게 증여 받으면 신혼부부는 총 3억 억원을 세금 없이 받을 수 있습니다.

당장 미성년자 자녀에게 해당되는 부분은 아니지만, 아이들이 성인이 되면 이런 증여 정책도 활용할 수 있으니, 꼼꼼히 체크했다가 필요한 때에 사용하면 좋을 것 같습니다.

상속세 · 증여세 세율표					
1997.1.1 ~ 1999.12.31 상속 증여분			2000.1.1 ~ 이후 상속 증여분 ~		
과세표준	세율	누진공제액	과세표준	세율	누진공제액
1억원 이하	10	-	1억원 이하	10	-
1억원 초과 5억원 이하	20	1,000만원	1억원 초과 5억원 이하	20	1,000만원
5억원 초과 10억원 이하	30	6,000만원	5억원 초과 10억원 이하	30	6,000만원
10억원 초과 50억원 이하	40	1억 6천만원	10억원 초과 30억원 이하	40	1억 6천만원
50억원 초과	45	4억 1천만원	30억원 초과	50	4억 6천만원

상속세·증여세 세율표(출처 : 국세청)

합법적으로 세금을 0원으로 민들었다면, 그 이상을 증어했을 때 부과되는 세율에 대해서도 잘 알아야 합니다.

현재 증여세 세율표를 보면, 2000년 1월 1일 이후로 증여를 했을 때, 과세표준 1억 원 이하는 10%, 1억 원 초과~5억 원 이하는 20%(1천만 원 공제), 5억 원 초과~10억 원 이하는 30%(6천만 원 공세), 10억 원 초과~30억 원 이하는 40%(1억 6천만 원 공제), 30억 원 초과는 50%(4억 6천만 원 공제)를 적용 받습니다. 그렇다면 10살 자녀에게 1억 5천만 원을 증여했다면, 세금을 얼마나 내야 할까요?

	적요	값(단위:원)
1	증여 재산가액	150,000,000
2	증여세 과세가액 증여 재산가액-채무부담액-비과세액 등+가산액	150,000,000
3	증여 재산공제 직계존속(미성년자) 공제액	20,000,000
4	과세표준 증여세 과세가액-증여공제-수수료 등	130,000,000
5	산출세액 1억 원 이상 5억 원 이하 세율 20%, 누진공제액 1,000만 원	16,000,000
6	신고 세액공제액 자진 신고 납부 시 3% 공제	480,000
7	증여세 최종 납부액	15,520,000

미성년자 자녀 증여 시 증여세 계산 예시

위 표를 보면, 미성년자 자녀에게 1억 5천만 원을 증여했을 때, 납부 세액 계산 과정이 나옵니다. 먼저 미성년자 기본공제 2천만 원을 뺀 1억 3,000만 원이 과세표준이 됩니다. 여기에 5억 원 이하 세율 20%인 2,600만 원에서 누진공제액 1천만 원을 제외한 1,600만 원이 산출세액이 됩니다. 여기서 자진신고 납부 시 3% 추가 공제금 48만 원을 제외한 최종 납부세액은 1,552만 원입니다.

계산식 흐름을 보면, 과세표준을 구하는 방법은 증여세 과세가액 (증여한 금액)에서 공제액(세금 면제분)과 수수료 등을 제외합니다. 최종적으로는 과세표준에 따라 세율을 적용하고, 여기에 누진공제액을 제하고, 신고 세액공제액까지 차감해 납부액이 산정됩니다.

증여 상식 1 : 손자녀에게 물려주는 재산은 가산세가 붙는다?

최근 증여 트렌드에서 주목할만한 점은 부모 증여 외에도 직계비속인 할아버지, 할머니에게 재산을 물려받는, 세대를 건너뛴 상속(증여)이 증가하고 있다는 것입니다. 물론 재산을 증여 받는 것이 꼭 직계존속인 부모에게만 가능한 것은 아닙니다. 친인척, 타인 모두 가능합니다. '왜 굳이 세대를 건너뛴 증여를 할까?'가 중요합니다. 절세에 더 유리해 굳이 손자녀 증여를 하는 것입니다.

상속세 및 증여세법 [시행 2024.01.01.] [제19932호, 2023.12.31.] 일부개정

제27조 【세대를 건너뛴 상속에 대한 할증과세】

상속인이나 수유자가 피상속인의 자녀를 제외한 직계비속인 경우에는 제26조에 따른 상속세산출세액에 상속재산(제13조에 따라 상속재산에 가산한 증여재산 중 상속인이나 수유자가 받은 증여재산을 포함한다, 이하 이 조에서 같다) 중 그 상속인 또는 수유자가 받았거나 받을 재산이 차지하는 비율을 곱하여 계산한 금액의 100분의 30(피상속인의 자녀를 제외한 직계비속이면서 미성년자에 해당하는 상속인 또는 수유자가 받았거나 받을 상속재산의 가액이 20억원을 초과하는 경우에는 100분의 40)에 상당하는 금액을 가산한다. 다만, 「민법」 제1001조에 따른 대습상속(代襲相續)의 경우에는 그러하지 아니하다. <개정 2015.12.15, 2016.12.20>

세대를 건너뛴 증여에 대한 할증 과세(출처 : 국세법령정보시스템)

세법을 보면 이해가 됩니다. 상속세 및 증여세법 제27조 '세대를 건너뛴 상속에 대한 할증 과세' 조항에는 '상속인이나 수유자가 피상속인의 자녀를 제외한 직계비속인 경우, 제26조에 따른 상속세산출세액에 상속재산 중 그 상속인 또는 수유자가 받았거나 받을 재산이 차지하는 비율을 곱하여 계산한 금액의 100분의 30(미성년자면 100분의 40)에 상당하는 금액을 가산한다'라고 나와있습니다.

만약 '할아버지'가 '아빠'에게 1억 원을 증여하고, '아빠'가 다시 '아이'에게 1억 원을 증여하면, 할아버지 → 아빠 증여 시 공제 금액 (성인 기준 5천만 원)을 제외하고 1억 이하 10% 세율을 적용한 증여세는 각 500만 원입니다. 이를 아빠가 나에게 그대로 1억 원을 증여한다면 또 다시 500만 원이 발생되므로 총 1천만 원의 세금을 부담해야 합니다.

하지만 세대를 건너뛰어 조부모 세대가 손자녀 세대에게 1억 원을 증여하면, 동일한 공제한도와 세율을 적용해 산출된 세액 500만 원에서 30%만 가산해, 150만 원만 추가 부담하면 됩니다. 이러면 세금은 총 650만 원으로 350만 원을 절세할 수 있습니다. 세대를 건너뛴 증여가 세금 부담이 적다는 것을 알 수 있습니다.

만약 이를 미성년자에게 적용한다면 어떨까요?

• 부모 세대 → 자녀 세대(성인)

: 5천만 원 공제 후 10% 세율로 500만 원 부담

• 자녀 세대 → 손자녀 세대(미성년자)

: 2천만 원 공제 후 10% 세율로 800만 원 부담

→ 총 증여세 1,300만 원

• 부모 세대 → 손자녀 세대(미성년자)

: 2천만 원 공제 후 10% 세율로 800만 원 부담 X 40%

가산(320만 원)

→ 총 증여세 1,120만 원(180만 원 절세 효과)

1억 원 증여 시 증여세 비교
(위)부모 세대 → 자녀 세대(성인) → 손자녀 세대(미성년자) vs (아래)부모 세대
→ 손자녀 세대(미성년자)

이렇게 세대 건너뛰기 증여는 세액가산액(산출세액의 30%, 미성년자는 산출세액의 40%)이 있음에도 불구하고 절세 효과가 있어 최근 늘어나고 있는 추세입니다. 손자녀가 많을수록 절세 효과가 더 크니 활용을 추천합니다. 증여세뿐만 아니라 상속세도 같은 세법을 적용 받으

니, 계획이 있다면 적극 검토해 절세 효과를 누리면 됩니다.

증여 상식 2 :
자녀에게 증여한 2천만 원으로 주식을 매입해도 되나요?

국세청 답변

부모가 자녀에게 금전을 증여한 후 자녀에게 투자 수익을 얻게 할 목적으로 계속적·반복적으로 자녀명의 증권계좌를 통해 주식 투자를 함으로써 투자 수익을 얻은 경우, 자녀가 얻은 투자 수익은 부모의 기여에 의하여 자녀가 무상으로 이익을 얻은 것이므로 추가로 증여세 과세대상이 될 수 있다는 점을 유의해야 합니다.

관련 해석 사례

• 재산세과-2983, 2008.9.29. '증여'라 함은 그 행위 또는 거래의 명칭·형식·목적 등에 불구하고 경제적 가치를 계산할 수 있는 유형·무형의 재산을 타인에게 직접 또는 간접적인 방법에 의하여 무상으로 이전하는 것 또는 기여에 의하여 타인의 재산가치를 증가시키는 것을 말하

는 것입니다.

　이 부분에서 꼭 주의해야 할 것은 투자 수익을 다시 부모님에게 이전해 사용했을 때는 차명계좌 운영으로 인식될 수 있어 과세대상이 될 수 있다는 점입니다. 그러니 아이에게 증여를 했다면 아이 계좌에서 인출하면 안 된다는 뜻이지요.

　두 번째는 계속적·반복적 주식 투자로 수익을 얻은 경우 추가 과세 대상이 될 수 있다는 것입니다. 계속적·반복적의 의미는 상식적인 수준에서 아이 계좌를 운영해야 한다는 뜻이라고 봅니다. 예를 들어 아이가 학교에 있는 시간에 흔히 단타라고 하는 단기 매매로 계속적으로 수익을 냈다면 이는 부모의 기여도가 명확하게 드러난 것이므로 추후 과세 대상이 될 수 있다는 것입니다.

　그러므로 자녀 계좌를 운용할 때는 장기적인 관점에서 최소한의 매수, 매도로 아이가 성인이 되어서도 꾸준히 보유할 수 있는 종목을 고르는 것을 우선해야 합니다. 또, 아이와 의사소통이 될 수 있는 나이가 되었다면 경제 교육과 함께 아이에게 스스로 투자 종목을 고르게 하는 공부를 같이 하는 것도 제가 추천하는 방법입니다.

증여세 셀프 신고하는 법

상담을 해보면 많은 사람들이 증여세 신고를 상당히 부담스러워 합니다. 세무서에 가서 해야 하는 건지, 아니면 대행을 맡겨야 하는지, 신고를 해도 법적으로 문제없이 처리한 게 맞는지 불안하기 때문입니다. 이런 걱정이 무색하게 의외로 증여세 신고는 셀프로 쉽고 간단하게 할 수 있습니다.

일반적인 증여 신고는 재산 등을 증여 받은 수증자라면 누구나 해야 하고, 증여받은 달의 말일부터 3개월 이내에 반드시 완료해야 합니다. 신고 종류도 기간에 따라 달라집니다. 법정기간 내에 신고하는 것을 정기 신고, 기간을 경과한 이후에 신고하는 것을 기한 후 신고라고 합니다. 당초 세금을 적게 신고해, 부족한 과세표준과세액을 증액해 신고하는 수정 신고도 있습니다.

다소 복잡해 보이지만, 최근 증여가 늘어나면서 신고 절차도 간소화되고 있습니다. 현금 증여는 간편 신고가 신설됐고, 주식 증여도 국세청과 KRX로 연결된 데이터를 불러오면 간단하게 신고할 수 있을 정도로 자동화 시스템이 구축돼 있습니다.

현금 증여 신고는 현금을 배우자 또는 직계비속에게 최초 증여 받은 사람 중에 수증자 명의 계좌에 현금을 입금(계좌이체 포함)한 경우라면 모두 대상이 될 수 있습니다. 신고 기한은 마찬가지로 현금을 증여 받은 달의 말일부터 3개월 이내입니다. 만약 1월 1일에 증여를 했다면, 3월 31일까지는 홈택스 또는 세무서에 증여 신고를 해야 합니다.

국세청 홈택스 증여세 신고 화면(출처 : 국세청 홈택스)

    증여세 신고를 셀프로 하려면 막막해하는 사람이 많은데, 막상하면 그다지 어렵지 않습니다. 우선 국세청 홈택스에서 반드시 수증받는 자(아이) 아이디로 로그인하고, 증여세 신고를 누른 후 정기신고를 클릭합니다. 현금만 증여했다면, 현금 증여 간편신고에서도 처리 가능합니다. 그 외 재산(주식 등)을 증여했다면 정기 신고를 클릭해야 합니다.

증여세 신고서 작성 화면(출처 : 국세청 홈택스)

　　수증자 이름으로 로그인하면, 재산을 받는 자의 주민등록번호가 자동으로 뜹니다. 확인 버튼을 누릅니다. 상단에 나오는 증여자는 증여한 분(부모님 및 기타 직계존비속)의 주민등록번호로 조회하고, 수증자 구분에서 미성년자, 비거주자, 세대를 건너뛴 증여에 해당되면 클릭합니다.

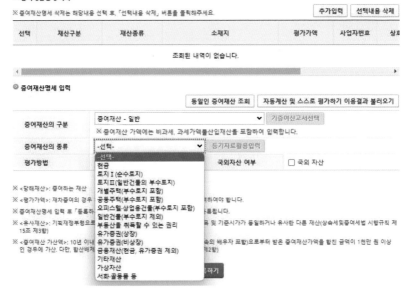

증여세(증여 재산명세) 신고 화면(출처 : 국세청 홈택스)

증여신고서 앞장에 개인정보를 입력하면, 다음으로는 증여 재산
명세를 입력합니다. 어떤 종류의 재산을 증여했는지를 선택하면 됩
니다. 보통 자녀 증여는 현금, 주식이 대부분입니다. 주식을 증여했다
면 유가증권 상장, 비상장 중에서 선택합니다.

		금액	단위
(17) 증여재산가액		7,215,000	원
(18) 비과세재산가액 ?		0	원
과세가액 불산입	(19) 공익법인 출연재산가액 ?	0	원
	(20) 공익신탁 재산가액 ?	0	원
	(21) 장애인 신탁재산가액 ?	0	원
(22) 채무액 ?	채무인수계약서	0	원
(23) 증여재산가산액 ?		0	원
(24) 증여세과세가액(17-18-19-20-21-22+23)		7,215,000	원
증여재산 공제	(25) 배우자 ?	7,125,000	원
	(26),(27) 직계존비속 ?	0	원
	(28) 그 밖의 친족 ?	0	원
	(29) 혼인 ?	0	원
	(30) 출산 ?	0	원

증여세 세액 신고 화면(출처 : 국세청 홈택스)

증여 재산까지 입력했다면 내가 증여한 재산 가액이 계산되면서, 마지막에 증여 재산공제를 수기로 입력해야 합니다. 10년간 증여한 재산 총합을 입력하면 되는데, 배우자는 6억 원, 직계존비속은 5천만 원 (미성년자 2천만 원), 그 외 친족은 1천만 원이며, 혼인 및 출산은 1억 원까지 공제되니, 공제 금액을 잘 체크해서 기입합니다.

마지막으로 세액 확인 후 신고서를 제출하면 증여세 셀프 신고가 끝납니다. 이렇게 단계에 맞춰서 과정을 따라가면, 어렵지 않게 셀프

로 세금 신고를 처리할 수 있습니다. 연습 삼아 국세청 홈페이지에서
미리 가상신고를 해보는 것도 좋습니다.

홈택스 증여세 셀프 신고 체크 포인트! ⑤⑤

- 로그인은 증여 받는 자(아이) 아이디로 한다.

- 현금 증여는 현금간편증여신고, 그 외에는 정기 신고를
  클릭한다.

- 주식 증여는 상장 여부에 따라 유가증권 상장, 비상장을
  선택한다.

- 세액 계산할 때 증여 재산 공제액을 잘 계산해 입력한다.
  (10년 합산)

아동수당도 증여가 될까?

　현재 우리나라에서 아이를 낳으면 받을 수 있는 지원금은 3가지입니다. 만 0~1세까지 부모급여, 만 0~8세까지 아동수당, 지방자치단체 출산장려지원금을 받게 됩니다.

　국가에서 출산하면 받을 수 있는 현금은 부모급여는 만 0세까지 월 100만 원, 만 1세까지 월 50만 원, 아동수당은 만 8세 미만까지 월 10만 원씩 지급됩니다. 월마다 나오는 액수를 계산해보면 만 0세(0개월~11개월)까지는 월 110만 원, 만 1세(12개월~23개월)까지는 월 60만 원, 만 2세에서 만 8세까지는 월 10만 원의 현금이 통장에 들어옵니다. 출산장려지원금은 각 지자체 사정에 따라 금액이 달라지니 이 부분은 제외하고 계산했습니다.

사실상 국가에서 받는 돈이 만 1세까지 2,040만 원이 되는데, 이 돈을 차곡차곡 모아 증여한다면 어떻게 될까요? 과연 국가가 주는 돈도 증여세 신고를 해야 하는 걸까요? 결론만 말씀드리면, 아동수당을 아이 통장으로 받는 것은 증여에 해당되지 않습니다.

【관련 법령】

○ 상속세 및 증여세법 제2조 【정의】

이 법에서 사용하는 용어의 뜻은 다음과 같다.

6. "증여"란 그 행위 또는 거래의 명칭·형식·목적 등과 관계없이 직접 또는 간접적인 방법으로 타인에게 무상으로 유형·무형의 재산 또는 이익을 이전(移轉)(현저히 낮은 대가를 받고 이전하는 경우를 포함한다) 하거나 타인의 재산가치를 증가시키는 것을 말한다. 다만, 유증, 사인증여, 유언대용신탁 및 수익자연속신탁은 제외한다.

○ 상속세 및 증여세법 제46조 【비과세되는 증여 재산】

다음 각 호의 어느 하나에 해당하는 금액에 대해서는 증여세를 부과하지 아니한다.

1. 국가나 지방자치단체로부터 증여 받은 재산의 가액

(중략)

세법에 나온 아동수당 증여 비과세 근거(출처 : 국세법령시스템)

그 근거는 상속세 및 증여세법 제46조의 비과세되는 증여 재산 항목에 나와있습니다. 제1호에 따르면 '국가나 지방자치단체로부터 증여받은 재산의 가액은 비과세'라고 명시돼 있는데, 아이 계좌로 아동수당과 출산장려지원금을 받으면 세금 부과 대상이 아니라는 것입니다.

하지만 자녀 증여 관련 법령 해석에 대해 여러 논쟁이 있어 다소 혼란스러울 수도 있습니다. 저도 증여세 신고를 위해 국세청 세금 상담을 받았는데, 아동수당 증여에 대해 다른 이야기를 들었습니다. 아이 양육을 위해 쓰라고 목적이 분명하게 명시된 국가 지원금을 단순히 재산 증식을 위해 사용하면 과세 대상이 될 수 있다는 답변을 듣고 상당한 혼란스러움을 느꼈습니다.

세법에 나온 아동수당 증여 비과세 근거 판례 해석(출처 : 국세법령정보시스템)

비과세 근거를 찾기 위해 좀 더 자료 조사를 하니, 이런 해석례를 찾을 수 있었습니다. 국가법령시스템 질의응답에 명시돼 있는데 '사전-2020-법령해석재산-0172, 2020.04.20'의 답변은 다음과 같습니다.

『아동수당법』 제6조 및 같은 법 시행령 제9조에 따라 지급받은 아동수당은 『상속세 및 증여세법』 제 46조 제1호에 따라 증여세가 비과세 되는 것입니다.

이를 토대로 해석해 보면, 아동수당은 비과세가 맞습니다. 아동수당을 부모 통장으로 받아 증여하면, 출처가 부모로 간주돼 과세 자산이 될 수 있지만, 처음부터 아동수당을 아이 명의 계좌로 받는다면 세금을 내지 않아도 되니, 시드머니를 키우면서 세금 부담을 낮추는 방법이 됩니다. 참고로 다른 수당에 대해서는 아직 비과세 해석례가 없으니, 이 해석은 아동수당에 한해 적용되는 것임을 기억해야 합니다.

2

시기별로 챙겨야 할
아이 계좌 운영 꿀팁

아기 전용 고금리 적금을 놓치지 말자

아기 고금리 적금 예시(출처 : 새마을금고)

2024년 3월, 엄마들 사이에서 고금리로 입소문 난 적금 상품이 있었습니다. 바로 새마을금고에서 한시적으로 5만 계좌만 모집한 저출생극복지원 상생금융상품 'MG희망나눔 용용적금'이었습니다. 용띠 아이 계좌로 적금을 들면 최고 연 12% 이자를 주는 것인데, 다자녀 가정, 인구감소 지역 거주자에게는 더 높은 이율을 적용한다고 대대적인 홍보를 했던 기억이 납니다.

이 외에도 출산 후 아이 명의로 적금을 가입하면 꽤 높은 금리를 주는 상품이 많습니다. 1금융권을 비롯해 2금융권까지 아이 적금을 모집하기 위해 모두 고금리 혜택을 내걸고 있었습니다. BNK 부산은행은 최고 연 8%, 웰컴저축은행은 최고 연 10% 등 고금리 상품을 선보이고 있습니다. 물론 아동수당 연계, 주택청약종합저축보유 등의 조건이 있지만, 그럼에도 불구하고 다른 시중 적금 이율과 비교하면 좋은 이율을 보장받을 수 있습니다.

고금리 아기적금의 장점은 소액으로 가입할 수 있다는 것입니다. 이율이 높은 대신 가입금액이 대부분 10만~20만 원 내외의 소액입니다. 금액이 적어 아쉬울 수 있지만, 지출이 많아지는 신생아 시기에 무턱대고 큰 금액으로 적금에 가입하면 오히려 중도 해지할 확률이 높습니다. 그러니 안전한 시드머니 모으는 방법의 하나로 소액 고금리 적금 특판에 가입하면 효율 높은 재테크를 할 수 있습니다. 비용 지출이 많은 가정이라면, 앞서 이야기한 아동수당으로 고금리 적금을 가입하는 것도 하나의 방법입니다.

말 나온 김에 아동수당 적금의 특징을 살펴볼까요? 대부분 고금리 적금은 아이 명의 계좌를 만들거나, 아동수당을 받는 통장으로 활용해야 우대금리를 인정해줍니다. 이때 조심할 것은 이미 0세부터 10년간 줄 수 있는 면제 한도를 모두 채워 증여한 가정이라면, 아이 계좌에 부모가 주기적으로 적금을 붓는 것은 나중에 세금 문제가 생길 수 있다는 것입니다.

이런 위험을 낮추기 위해서는 차라리 금리가 조금 낮아도 부모 명의로 개설할 수 있는 아기 적금을 찾아서 가입하는 것이 뒤탈이 없습니다. 분명 1~2%P 금리 차이는 있겠지만, 상품 자체가 시중 적금 금리보다 높은 특판이라 안전한 증여와 고금리 적금 가입이란 두 가지 목적을 모두 달성할 수 있습니다.

저는 아동수당 연계 조건이 붙는 적금 상품은 모두 패스했습니다. 제가 세웠던 재테크 계획에서 이 부분이 굳이 필요하지 않았기 때문입니다. 이유는 아동수당은 비과세 항목이라 아이 증권계좌로 바로 들어가게 해, 투자 원금을 늘리는게 더 나은 방법이라고 생각했기 때문입니다. 이런 저의 방식은 향후 발생할 수 있는 세금 문제 가능성을 원천 봉쇄하는 것입니다.

아직 비과세 한도가 남은 분이라면, 최대한 안정적으로 시드머니를 모으기 위해 고금리 적금 특판을 여러 개 가입해 확정 이자를 받는 것이 나은 선택일 수 있습니다. 아동 전용 고금리 적금은 특정 시기(대부분 유아)에만 가입할 수 있어, 저 같은 사정이 있지 않다면 꼭 챙겨서 시드머니로 만드는 것이 현명한 방법입니다.

대신 저는 매월 들어오는 아동수당 10만 원은 동요 없이 꾸준히 모아갈 수 있는 종목을 선택해서 매수하고 있습니다. 바로 S&P500 ETF인데, 연평균 기대수익이 7% 정도라 세금이 신경쓰이는 분은 이런 방법을 적용해도 손해는 아닐 겁니다.

미성년자가 연금 계좌를 운영하면 좋은 점

연금 계좌는 보통 은퇴 자금 마련을 위해 운영하는 계좌라고 생각합니다. 투자하고 계좌를 유지했다가, 만 55세 이후 연금으로 수령하면 저리의 세제 혜택을 볼 수 있기 때문입니다. 하지만 미성년자인 우리 아이들도 연금 계좌로 투자하면 혜택을 톡톡히 볼 수 있으니 이 부분도 살펴볼 필요가 있습니다.

구분	내용
가입 대상	미성년자 포함 누구나 가능
납입요건	가입기간 5년 이상 납입금액 : 연 1,800만 원(퇴직연금 합산) + ISA 연금전환금액
세액공제 한도	연 납입액 600만 원 + ISA 연금전환금액의 10%(300만 원 한도)
중도 해지 과세	기타소득세(16.5%)로 과세, 종합과세 제외
연금 수령 요건	가입 후 5년 및 만 55세 중 나중에 도래하는 일 이후
연금 수령 세율	연금 소득세(3.3~5.5%)로 과세 연간 사적 연금소득금액 1,500만 원 초과 시 연금 소득금액 전액 종합과세

연금저축계좌 주요 내용(출처 : 한국투자증권)

연금저축계좌는 정부가 국민의 노후 자금 마련을 위해 세제 혜택
을 주며 가입을 독려하는 금융상품입니다. 국민이라면 누구나, 나이
제한 없이 가입할 수 있습니다. 연금저축계좌는 운용사에 따라 명칭
이 달라지는데, 증권사는 연금저축계좌, 은행은 연금저축신탁, 생명보
험사는 연금저축보험 상품으로 명명돼 판매됩니다. 3가지 모두 각각

특징이 있지만, 이 책에선 증권사 연금저축계좌를 중심으로 설명하겠습니다.

연금저축계좌는 연간 600만 원까지 납입할 수 있습니다. 만 55세 이후에 수령하면 16.5%로 과세되는 소득세를 3.3~5.5%로 낮춰줍니다. 연금저축계좌는 퇴직연금인 IRP와 달리 주식형 펀드, 채권형 펀드, ETF 등의 위험자산으로 100% 운용이 가능합니다. 과세이연으로 복리 효과까지 있고, 연말정산 세액공제 혜택이 커 최근 젊은 투자자들이 적극적으로 활용하는 계좌입니다.

미성년자인 우리 아이의 증여자산을 연금저축계좌로 운영하면 어떤 점이 유리할까요? 총 3가지 장점이 있는데, 좀 더 자세하게 살펴보겠습니다.

과세이연 - 재투자 효과

보통 일반 계좌에서 펀드, ETF 같은 상품에 투자하면, 분배금에 대해 15.4% 배당소득세를 원천 징수합니다. 국내에 상장된 해외ETF도 마찬가지로 매매차익에 대해 배당소득세 15.4%를 징수해, 이 금액만 절세해도 상당한 비용을 줄일 수 있습니다.

만약 이런 펀드, ETF 상품을 연금저축계좌에서 거래한다면, 55세 이후 연금으로 받기 전까지는 수익에 대해 세금을 떼지 않고 인출 시점에 과세돼, 과세이연된 운용수익을 재투자할 수 있습니다. 지금 당장 떼야 하는 세금을 나중에 인출하는 시점까지 미뤄줘, 세금까지 투자금에 포함돼 자산이 굴러가 더 큰 재투자 효과, 복리 효과를 볼 수 있습니다. 0세부터 재테크를 시작하면, 성인이 되는 20살까지, 무려 20년의 시간이 있습니다. 중도 인출을 해도 그동안 재투자했던 것을 더하면 이익이 훨씬 늘어납니다.

납입연도 전환 특례제도

연금저축계좌의 가장 큰 매력은 연말정산 세액공제 혜택이 커 절세에 특화됐다는 점입니다. 하지만 세제 혜택은 그 대상이 본인에 한정돼 아이가 실질적인 소득이 생기는 예상 시점인 최소 25~30년 후에야 혜택을 받을 수 있습니다. 성인이라면 매년 받을 수 있는 세액공제 혜택이 장기간 보류되면서 연금저축계좌 투자 가치가 떨어진다고 오해할 수도 있습니다.

하지만 납입연도 전환 특례제도를 이용하면, 보류됐던 세액공제 혜택을 성인이 돼 필요한 시점에 받을 수 있습니다. 납입연도 전환 특례제도란 연간 900만 원(퇴직연금 계좌 포함)의 세액공제 한도를 넘었거나, 세액공제 받지 않은 납입금이 있다면 전환해서 혜택을 볼 수 있게 만든 제도입니다.

신청방법도 연금저축계좌를 가입한 금융기관에서 어렵지 않게 처리할 수 있으니 기억해 두었다 아이에게 알려주면 유용할 겁니다. 연금저축계좌는 평생 갖고 있으면서 노후를 준비하는 통장이니, 당장 세액공제 받지 못해도 아쉬워하지 않아도 됩니다. 아이가 커서 성인이 된 시점에 보류됐던 세제 혜택이 더 유용하게 쓰일 수 있습니다.

중도 인출 - 세액공제 받지 않은 원금은 비과세

연금저축계좌가 다른 연금 계좌보다 좋은 점은 중도 인출이 가능하다는 것입니다. 장기투자를 통해 과세이연이나 납입연도 전환 특례제도를 이용하면 좀 더 절세 효과를 볼 수 있지만, 갑자기 돈 쓸 일이 생겨 중도 인출을 해야 한다면, 세액공제 받지 않은 원금에 대해서는 세금을 떼지 않습니다. 물론 수익분에 대해서는 기타소득세 16.5%를 공제합니다.

예를 들어, 연금저축계좌에 세액공제 받지 않은 원금 500만 원을 넣고, 수익이 100만 원 발생했는데, 300만 원을 중도 인출해야 한다면, 300만 원에 대한 세금은 내지 않습니다. 반면 50만 원을 인출했다면, 비과세 원금 500만 원을 제외하고, 수익금 100만 원에서 인출한 50만 원에 대한 기타소득세 16.5%, 8만 2,500원이 원천징수 됩니다.

　미성년자 연금 계좌 운용의 핵심은 절세입니다. 과세이연으로 재투자해 복리 효과를 얻을 수 있고, 당장 세액공제 혜택은 받지 못하지만, 성인이 된 후에 납입연도 전환 특례제도로 차후 연말정산에서 세제 혜택을 받을 수 있습니다. 또, 세액공제 받지 않은 원금에 대해서는 비과세라 중도 인출에 대한 부담감이 없습니다.

성인이 되는 즉시 만들어야 하는 만능 통장 ISA

투자하는 사람이라면 몰라서는 안 되는 만능 통장 ISA는 성인이 되면 즉시 만들어야 하는 재테크 필수 아이템입니다. ISA계좌란 개인종합자산관리계좌라는 뜻으로, 쉽게 말하면 투자 종목을 이것저것, 장바구니처럼 담아두는 계좌인데, 세제 혜택도 있어 많은 사람이 이용하고 있습니다.

이 만능 통장의 위력은 역시 세제 혜택인데, 2024년 5월 1일 기획재정부는 만능 통장 ISA계좌의 비과세 혜택을 2.5배까지 늘리는 파격적인 세법개정안을 예고했습니다. ISA계좌를 이렇게 적극적으로 장려하는 이유는 국내 증시 활성화 및 근로소득을 활용한 원활한 자산 형성을 돕기 위해서입니다. 그만큼 투자를 통한 개인의 자산 형성을 독려하는 것입니다.

ISA계좌 개설 방법과 유형, 유형에 따른 특징에 대해 알아보겠습니다.

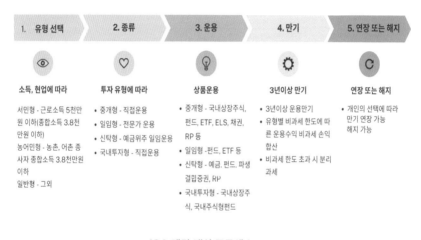

1. 유형 선택	2. 종류	3. 운용	4. 만기	5. 연장 또는 해지
소득, 현업에 따라	**투자 유형에 따라**	**상품운용**	**3년이상 만기**	**연장 또는 해지**
서민형 - 근로소득 5천만원 이하(종합소득 3.8천만원 이하) 농어민형 - 농촌, 어촌 종사자 종합소득 3.8천만원 이하 일반형 - 그외	• 중개형 - 직접운용 • 일임형 - 전문가 운용 • 신탁형 - 예금위주 일임운용 • 국내투자형 - 직접운용	• 중개형 - 국내상장주식, 펀드, ETF, ELS, 채권, RP 등 • 일임형 - 펀드, ETF 등 • 신탁형 - 예금, 펀드, 파생결합증권, RP • 국내투자형 - 국내상장주식, 국내주식형펀드	• 3년이상 운용만기 • 유형별 비과세 한도에 따른 운용수익 비과세 손익합산 • 비과세 한도 초과 시 분리과세	• 개인의 선택에 따라 만기 연장 가능 해지 가능

ISA 계좌 개설 프로세스

ISA계좌는 개설할 때 보통 소득, 종사하는 현업에 따라 유형(서민형, 농어민형, 일반형)을 나누고, 투자 운용 유형에 따라 중개형, 일임형, 신탁형, 국내투자형(신설 예정)을 선택합니다. 이후 각 유형에 맞는 상품을 골라 계좌에 담을 수 있습니다.

유형	일반형	서민형	농어민
가입요건	만 19세 이상 또는 직전연도 근로소득이 있는 만 15~19세 미만 대한민국 거주자	직전연도 총 급여 5천만 원 또는 종합소득 3천8백만 원 이하 거주자	직전연도 종합소득 3천8백만 원 이하 농어민 거주자
비과세 한도	200만 원	400만 원	400만 원
비과세 한도 초과 시	9.9% 저율 분리과세 적용		
의무가입기간	3년		
납입한도	연간 2천만 원, 최대 1억 원 (당해년도 미불입 납입한도는 다음해 이월 가능)		
중도 인출	총 납입원금 내에서 횟수 제한 없이 중도 인출 가능 (인출금액만큼 납입한도가 복원되지 않음)		

ISA계좌 유형 및 가입조건(출처 : 미래에셋증권)

일반형, 서민형, 농어민형을 나누는 기준은 소득 및 거주지(농어촌)에 따라 달라지며, 가장 큰 차이는 비과세 한도 금액이 다르다는 것입니다. 비과세 한도가 높을수록 ISA 계좌로 투자상품을 운용했을 때 나오는 수익을 세금 없이 온전히 취할 수 있습니다. 또, 만기 해지 시 투자 수익이 비과세 한도보다 높다면 초과분에 대해선 9.9% 저율 분리과세를 적용해 절세에 유리합니다.

예를 들어 일반형 ISA계좌로 국내상장 해외ETF를 투자해서 매매차익 500만 원을 얻었다면, 비과세 한도 200만 원을 제외한 300만 원에 일반적으로 세율 15.4%를 적용해야 하지만, 9.9% 저율 과세를 적용합니다. 또, 3년간 손익을 합산하는 만기 시 손익 통산을 적용해 그동안에는 세금을 부과하지 않아 과세이연이 됩니다. 당장 납부하지 않아도 되는 세금을 ISA계좌에 다시 재투자해 복리 효과를 얻을 수 있습니다.

ISA계좌는 중개형, 신탁형, 일임형 3가지로, 각각 투자 가능한 상품과 방법이 다릅니다. 개인이 직접 투자 상품을 선택하고 운용할 수 있는 중개형은 채권, 국내 상장주식, 펀드, ETF, 리츠, 상장형수익증권, 파생결합증권/사채, ETN, RP를 투자할 수 있습니다. 좀 더 안정적인 수익을 원하면 채권과 국내 상장주식 대신 예금이 포함되는 신탁형을 선택할 수 있습니다. 마지막으로 전문가가 대신 운용하는 일임형은 펀드, ETF로 주로 상품이 구성돼 있으니, 본인 투자 스타일대로 신중하게 선택하길 바랍니다. 최근에는 증권사별로 만기 연장, 신규 가입 이벤트를 많이 하고 있어 이 조건을 파악한 후 가입하는 것이 혜택을 놓치지 않는 방법입니다.

ISA계좌는 전 금융기관 통틀어 1인 1계좌만 생성할 수 있고, 19세 이상이면 누구나 가입할 수 있습니다. 주로 펀드, 리츠, ETF 같은 상품을 담는 경우가 많고, 만기 시 IRP로 옮기면 전환 금액의 10%(최대 300만 원)까지 세액공제 혜택도 줘, 만기가 도래하는 3년마다 IRP로 전환하면 주기적으로 세액공제 혜택을 늘릴 수 있습니다.

이런 다양한 제도 혜택을 우리 아이들이 성인이 됐을 때도 충분히 누릴 수 있게 해주려면 부모님이 평소에 정보를 잘 체크하고 있다가 아이에게 설명해줘야겠죠? 물론 설명을 충분히 들은 아이가 이 계좌의 장단점을 파악하고, 스스로 가입 결정할 수 있게 안내하는 역할도 우리 부모가 할 일입니다.

청약 통장은 일찍 만들수록 손해

앞에서 '아이에게 꼭 만들어줘야 하는 3가지 통장'을 설명하면서 주택청약 통장은 일찍 만들수록 손해라고 설명했습니다. 주택청약 통장을 미성년자 명의로 개설했을 때 가입기간, 인정회차, 인정금액 범위가 법으로 정해져 있습니다. 이 범위에 해당되지 않는데, 무조건 일찍부터 2만 원씩 넣는다고 좋은 것이 아닙니다. 그래서 굳이 돈을 묶어두기보다, 청약 통장의 특수한 목적을 효율적으로 활용하는 방법을 찾아야 한다고 설명했습니다.

미성년자 청약 통장 납부 인정 범위 및 금액이 2024년 1월 1일 이후 확대됐습니다. 과거에는 24개월만 인정돼 만 17세부터 납입하면

됐지만, 이제는 60개월로 확대돼, 만 14세부터 월 25만 원씩 납입하면 60회 차, 총 1,500만 원의 금액을 인정받을 수 있습니다.(월 25만 원 상향은 2024. 6. 13. 국토교통부 발표)

구분	개정 전	개정 후 (2024년 1월 1일 이후)
가입기간	24개월	60개월
인정회차	24회	60회
인정금액	240만 원(월 10만 원)	1,500만 원(월 25만 원)

미성년자 청약 통장 인정 범위 및 금액 개정 전후 비교

이게 왜 중요할까요? 현재 우리나라는 주택(아파트)을 구입하기 위한 청약제도를 시행하고 있습니다. 치열한 경쟁을 뚫고 분양을 받으려면, 주택청약 1순위 조건을 충족해야 합니다. 1순위가 되기 위해서는 수많은 조건이 있지만, 가입기간과 납입 인정금액이 중요합니다. 이 조건을 아이가 성인이 되기 전에 미리 충족시키는 것은 청약 신청 사전 준비를 해주는 것과 같습니다. 이는 부동산으로 또 다른 재테크

길을 열어줄 수 있다는 점에서 굉장히 유리합니다.

이런 맥락에서 보면, 0세부터 자녀 명의로 주택청약 통장을 만들어, 월 2만 원씩 20년을 납부하는 것은 매우 비효율적입니다. 청약 통장은 비교적 낮은 이율을 제공합니다. 자칫 저금리에 자금이 20년이나 묶일 수 있습니다.

따라서 가장 효율적인 방법은 미성년자 납입이 인정되는 60회 차를 계산해, 만 14세부터 매월 25만 원씩 납입하는 것입니다. 이것이 청약 통장의 장점을 활용하고, 자금이 묶이는 것을 방지해 최대한의 효율을 내는 재테크 방법입니다.

Part 3

아이와 함께 하는

경제 공부 베이직 플랜

1

우리집 자본관리
시스템 만들기

아이와 함께 쓰는 용돈기입장의 원리

저는 초등학교 때 한 번도 용돈기입장을 끝까지 써본 적이 없습니다. 그때는 이 귀찮은 걸 왜 매일 써야 하는지, 일기장 다음으로 이해되지 않았습니다. 부모님도 쓰라고 하고, 학교에서도 숙제로 내주었지만, 그 누구도 용돈기입장의 목적을 저에게 설명해주진 않았습니다.

하지만 학창시절에 아쉽지 않았던 용돈기입장 작성하기가 이제 직접 살림을 맡아 생활하다 보니 좀 아쉽다는 생각이 듭니다. 한 가정을 꾸려가려면 꼼꼼하게 가계부를 쓰면서 돈을 아끼고 굴리는 것이 필수입니다. 가계부를 매일 쓰려고 해도 습관을 들이지 못해서인지 늘 작심삼일로 끝납니다. 아쉬운 마음에 '어릴 때 누구라도 용돈기입장 쓰는 게 재미있는 일이라는 걸 알려줬다면 재테크를 좀 더 잘 하지 않았을까?'하는 생각도 해봅니다.

용돈기입장 예시

그러니 우리 아이가 용돈기입장을 꼼꼼히 쓰기를 원한다면, 먼저 기록하는 것 자체에 흥미를 느끼게 하는 게 중요합니다. 아이에게 알 려줘야 하는 용돈기입장의 포인트는 들어왔다 나간 돈을 기록하는 것이 아니라, 내가 원하는 소비를 하기 위해 마련해야 하는 재원이 모이는 과정을 지켜보는 것입니다. 그 과정에서 아이가 흥미를 잃지 않게 놀이로 접근하는 새로운 시각도 필요합니다. 최근 '다꾸(다이어리 꾸미기)'가 유행하고 있는데, 커스텀하면서 평범한 것을 좀 더 특별하고 소중하게 느끼게 해주는 효과가 있는 것 같습니다. 마치 구멍이 숭숭 뚫려 있는 밋밋한 신발에 개성 있는 액세서리를 다는 것처럼, 아이가 용돈기입장을 나만의 아이템으로 만들 수 있게 돕는 것도, 용돈기입장을 친구하게 느끼게 하는 방법이 될 겁니다.

하나 더 중요한 것은 용돈기입장을 쓰지 않는다고 해서 아이를 너무 혼내지 말아야 합니다. 어른도 가계부를 꼼꼼히 쓰는 사람이 있고, 아예 쓰지도 않는 사람이 있듯이, 성향은 모두 다릅니다. 아이에게 용돈기입장 작성을 강제하면 오히려 스트레스만 주는 숙제로 받아들일 수 있습니다. 흥미를 붙이기도 전에 하기 싫은 일이 되는 것을 막아야 합니다.

아이에게 용돈기입장이 하루를 기록하는 놀이로 인식돼야, 꾸준히 해 습관이 될 수 있습니다. 그래야 어른의 용돈기입장인 가계부 작성도 매일 할 수 있습니다. 부모님 참여도 중요합니다. 엄마, 아빠, 아이가 각자 용돈을 정해서 용돈기입장을 쓰는 게임을 하는 것도 좋습니다. 이달의 출첵왕, 절약왕 등을 정해서 아이와 함께 게임 미션 수행하듯이 참여하면, 온 가족이 함께 재미있는 한 달을 보낼 수 있습니다.

원하는 걸 이뤄주는 꿈의 노트 만들기

저는 부모의 양육 태도에 따라 아이의 경제 관념이 바뀐다고 생각합니다. 그래서 경제 교육을 잘 한다는 사람의 이야기를 주의 깊게 듣습니다. 지금 설명할 꿈의 노트는 언젠가 라디오에서 들었던 사연인데, 너무 인상 깊어 아이에게 꼭 해봐야겠다고 생각한 교육 방법입니다.

사연자는 어릴 때부터 특별한 경제 교육을 받고 자랐다고 했습니다. 갖고 싶은 것이 생기면 부모님을 설득해야 했고, 정당한 사유가 있을 때만 원하는 물건을 얻을 수 있어, 자신의 첫 투자자는 부모님이었다고 했습니다.

처음에는 말로 설득하는 것으로 시작해, 좀 더 커서는 글로 써내야 했고, 고등학생 이후에는 PPT를 제작해 발표까지 했다고 했습니다. 이런 특별한 교육이 사회에 나와 엄청난 성장의 계기가 됐다고 했습니다.

원하는 것을 말, 글, 보고서로 정리하면 교육 효과가 커지는데, 여기에 기획력과 발표력까지 더해진다면, 그야말로 사회에서 원하는 인재상 아닐까요?

저는 이 사연을 듣고 무릎을 탁 치면서 '이거다!'라는 생각이 들었습니다. 이 사연을 제가 그려왔던 경제 교육의 틀로 삼아 '꿈의 노트'라는 것을 만들어봤습니다.

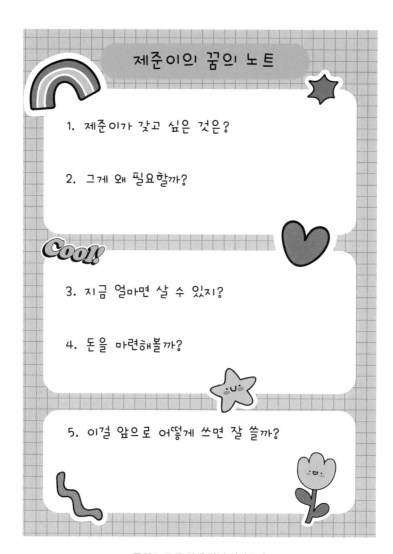

제준이의 꿈의 노트

1. 제준이가 갖고 싶은 것은?

2. 그게 왜 필요할까?

Cool!

3. 지금 얼마면 살 수 있지?

4. 돈을 마련해볼까?

5. 이걸 앞으로 어떻게 쓰면 잘 쓸까?

꿈의 노트로 경제 관념 심어주기

꿈의 노트에 들어가는 요소는 총 5개입니다.

- 목표 : 내가 원하는 것, 갖고 싶은 것
- 당위성 : 왜 필요한지에 대한 검증
- 시장성 : 현재 얼마에 유통되고 있는가
- 계획 : 재원을 마련하는 방식
- 실용성 : 최대한의 효율을 끌어내는 활용성

꿈의 노트를 쓰면 좋은 점은 이 5가지 요소를 생각하고 글로 옮김으로써, 자연스럽게 용돈기입장에서 배웠던 돈의 흐름도 익힐 수 있다는 것입니다. 내가 원하는 것을 갖기 위해서는 당위성을 갖추어야 하고, 현재 시장에서 유통되고 있는 가치를 산정해, 그 가치를 재화로 마련하는 방식까지 계획해야 하므로 흐름을 체계화할 수 있습니다. 단순히 물건을 사는 것에 그치지 않고, 이를 어떻게 내 생활에서 최대한으로 활용할 수 있을지, 실용성까지 갖춘다면, 현재 가치 이상의 효과를 얻을 수 있고, 아이에게도 실질적인 경제 교육을 할 수 있습니다.

아이가 갖고 싶다고 무조건 사주면 아이는 잠시 떼쓰는 것으로 원하는 것을 쉽게 얻을 수 있다고 생각합니다. 왜 갖고 싶은지, 스스로 어떻게 돈을 마련하고, 잘 사용할 수 있는지 정하는 것을 오롯이 아이 몫으로 남겨두면 스스로 성장하는 기회가 됩니다.

제 아이는 현재 4살인데, 물건을 고르면 카드로 결제하는 시스템을 인지하고 있습니다. 그래서 아이가 원하는 장난감, 간식 등을 꿈의 노트에 그리게 하고, 함께 마트에서 장을 보는 연습을 하고 있습니다. 아직은 그림을 그리고, 물건을 집어 장바구니에 넣고, 엄마가 카드를 주면 계산대에 물건과 카드를 내밀고 기다렸다 받는 수준이지만, 내가 원하는 것을 얻어야 할 때는 무언가와 교환해야 한다는 개념을 갖고 있습니다.

물건이 어디에 있고, 그것이 어떤 수단과 교환돼야 가질 수 있다는 사실을 알아가는 것은 그만큼 꿈의 노트를 활용할 수 있는 기초 지식을 자연스럽게 습득하는 것입니다.

아직 글을 모르는 시기에는 그림으로 표현할 수 있고, 부모님이 대신 말로 써주면서 함께 꿈의 노트를 만들어 나갈 수 있습니다. 아이가 커 가면서 꿈의 노트 형태도 변합니다. 말 → 그림 → 글, 이렇게 본인의 의사를 전달할 수 있는 수단을 시기에 맞게 선택하면서 꿈의 노트를 써 나가면, 스스로 그 물건이 지니는 가치를 판단할 수 있게 됩니다. 중요한 것은 아이에게 내가 원하는 물건이 어떠한 과정으로 나의 소유가 되는지를 알게 하고, 그 과정을 아이가 참여할 수 있게 길을 열어주는 것입니다. 아이 참여가 커지면 물건을 얻기 위한 다양한 방법을 제시하는 기획력이 높아지고, 기획을 성공적으로 실행한다면 그만큼 자존감도 함께 높아질 수 있습니다.

기억하세요! 학령별 꿈의 노트 활용법

- 미취학 아동기 : 글씨를 모를 때는 말로 표현하기, 그림 그리기
- 초등기 : 짧은 글로 표현해보기
- 중고등기 : 간단한 정식 기획안 작성해보기
- 성인 이후 : 프레젠테이션 발표하기

한 달 용돈으로 예산 수립하기

아이에게 용돈의 가치는 큽니다. 내가 원하는 것에 대가를 지불해 획득하는 수단이니까요. 그런데 이렇게 소중한 용돈을 합리적으로 소비하게 하려면, 반드시 예산을 세우고, 꼭 필요한 곳에 쓰게 하는 교육이 필요합니다. 그래서 저는 아이와 함께 용돈으로 1달, 1년 예산을 계획해 보는 것을 추천합니다.

돈의 단위 체감하기 : 실물 경제 익히기

요즘은 카드 사용이 늘면서, 현금 사용 비중이 현저하게 줄고 있습니다. 예전에는 용돈을 현금으로 정해진 날짜에 받았다면, 지금은 아이 통장에 바로 넣어주거나, 체크카드를 주고 용돈을 이체해줍니다. 삼성페이, 애플페이 등 간편 결제 발달로 이제는 실물 카드 사용도 적어지고 있어, 직접 현금을 내고 거래하는 것이 어색할 정도입니다. 디지털 기술 발전이 돈을 체감하기 어려운 환경을 만들고 있는 것입니다.

돈에 대한 감각이 떨어지면 돈을 단순히 숫자로 인식해, 지출에 대한 감각도 무뎌져 과소비로 이어질 수 있습니다. 실제 돈을 만져보고 체감할 기회가 줄어든 아이들은 돈이 단순히 카드 안에서 소비되는 숫자라고만 느낄 수 있습니다.

그러니 이를 방지하기 위해 어릴 때부터 돈에 대한 감각을 익히고, 체감하는 훈련을 시켜주는 것이 좋습니다. 직접 돈이 쌓이는 것을 눈으로 보고 손으로 만져보면서 나에게 남은 돈이 얼마이고, 계획 없이 이 돈을 쓰면 어떤 결과가 오는지 직접 체감해 봐야 좀 더 현실적인 돈의 흐름에 눈을 뜰 수 있습니다. 아이에게 돈 단위가 체감되지 않는 계좌 이체, 체크카드 사용을 권장하기보다는 현금으로 그에 상응하는 물건을 직접 구매하게끔 하는 게 실물 경제를 공부하는 중요한 경험이 될 수 있습니다.

목표 세우기, 사용처 정하기

용돈기입장 저축 목표 세우기 예시

꿈의 노트에서 이야기했듯이 아이가 이 물건이 왜 필요한지에 대한 당위성을 스스로 찾게 만드는 과정이 필요합니다. 예산 수립은 목표를 달성하기 위해 경비가 얼마나 들고, 이 재원을 모으기 위해 얼마나 시간이 걸리며, 목표 달성은 언제인지, 계획을 세우는 과정입니다.

아이에게 예산 수립이 습관이 되게 하려면, 이 과정을 시뮬레이션

하는 것이 가장 좋습니다. 그래서 저는 표를 만들었는데, 아이가 직접 한 달에 용돈을 얼마나 모아야 하고, 그걸 적립했을 때 스티커를 붙이거나 동그라미 표시를 하는 등의 액션을 취하게 했습니다.

목표	월 요 경비(원)	소요 시간		목표 달성 시간	사용처
새 운동화 사기	70,000	1만 원씩 7달	1 2 3 4 5 6 7	7월	집 앞 나이키 매장
컴퓨터 용품 바꾸기	100,000	2만 원씩 5달	1 2 3 4 5	5월	로지텍 (온라인 쇼핑몰)
제주도 여행가기	300,000	3만 원씩 10달	1 2 3 4 5 6 7 8 9 10	6월~내년 3월	대한항공
연말 기부하기	12,000	천 원씩 12달	1 2 3 4 5 6 7 8 9 10 11 12	12월	OO복지관 직접 전달

용돈으로 목표 달성하기 계획표

　내가 모은 재원을 어디에 쓸 것인지를 미리 명확하게 정하는 것이 예산 수립에 도움이 됩니다. 사용처의 위치, 직접 방문인지, 온라인 구매인지 등을 사전에 정하면, 실천하려는 마음을 더 구체화할 수 있습니다. 부모님도 이 과정을 함께 하면 유대감도 쌓고, 아이의 목표 달성을 독려할 수 있습니다.

마트에서 장보면서 알려주는 수요와 공급의 원리

아이에게 시장경제 체계를 알려주기 위해 가장 적합한 곳은 어디일까요? 저는 미트라고 생각합니다. 수입과 지출은 물론이고, 시장을 움직이는 수요와 공급 원리까지 알려줄 수 있어 경제 공부에 좋습니다.

대형마트는 정말 다양한 식료품, 옷가지, 생활 필수품 등을 판매합니다. 많은 부모가 "필요한 물건이 아니면 만지지 말고, 엄마 손 붙잡고 있어."라며 아이를 카트 위에 태우고 눈으로만 구경하게 합니다.

미취학 아동이라면 사고를 방지하기 위해서라고 이해할 수 있지만, 초등학생 이후로는 아이 눈높이에 맞춰 마트에서 수요와 공급 원리를 알려주면 물건의 히스토리까지 알 수 있어 아이의 흥미를 끌어

낼 수 있습니다.

수요와 공급은 경제 교육에서 가장 기본적인 개념이고, 마트에는 이를 아이에게 쉽게 설명할 수 있는 다양한 예시가 있습니다. 예를 들어볼까요?

마트에서 알려주는 수요와 공급 예시. 소비기한 임박 상품의 세일 판매 모습

마트에서 파는 식료품은 대부분 소비기한이 있습니다. 소비기한 이 임박한 상품은 폐기 전에 할인합니다. 이처럼 수요가 없는데 공급

이 많아지면, 일정 기간 내에 소비해야 하는 상품의 판매율이 떨어지고, 폐기 전에 가격을 할인해 소비자가 구매할 수 있게 경쟁력을 갖춥니다.

저녁 7시만 돼도 최초 가격 위에 할인 스티커를 덧붙인 상품을 볼 수 있습니다. 당일에 반드시 소비돼야 하는 식품은 스티커가 3~4개까지 붙는데, 스티커가 더 많이 붙을수록 할인 폭도 더 커집니다.

이처럼 물건의 가격 경쟁력은 찾는 사람들이 있을 때 즉, 수요가 있을 때 높습니다. 사고 싶은 사람은 많은데 공급 물량이 없으면, 자연스럽게 가격도 상승합니다. 한동안 품귀현상을 보였던 허니버터칩은 중고마켓에서 프리미엄 가격으로 거래되기도 했습니다. 이러한 물건 가치가 시장 가격을 형성하고 움직이면서, 희소성 있는 상품은 세일을 하지 않고, 희소성이 떨어지는 상품은 가격을 내려 경쟁력을 올릴 수밖에 없습니다. 이 모든 과정을 마트에서 아이에게 손쉽게 설명할 수 있으니, 마트는 아이에게 훌륭한 경제 배움터가 될 수 있습니다.

'나는 전문지식이 없는데 어떻게 아이 경제 교육을 시켜야 하나?'라고 걱정하는 부모님은 이렇게 일상에서 공유할 수 있는 소재거리를 찾으면 아이에게 쉽게 경제 개념을 이해시킬 수 있습니다. 아이가 직접 체감할 수 있는 가까운 것부터 설명해주는 게 학습 효과가 더

큽니다. 아이 경제 공부를 너무 어렵게 생각하지 말고, 가까운 마트부
터 가보는 것을 권합니다.

2

아이 생각대로 움직이는
재테크 가이드

눈높이 경제 교육을 위한 5계명

우리는 누구나 부자를 꿈꾸고, 경제적 결핍이 없는 삶을 살고 싶어 합니다. 그렇다면 부자는 어떤 사람을 말하는 걸까요? 계급을 나누는 것은 아니지만, 보통 부자의 기준을 나눌 때 이렇게 표현한다고 합니다.

- 부유층 : 일을 하지 않아도 재산이 불어나는 사람들
- 중산층 : 일을 하지 않아도 재산이 그대로인 사람들
- 서민층 : 일을 하지 않으면 재산이 줄어드는 사람들
- 빈곤층 : 일을 해도 재산이 줄어드는 사람들

여기서 부자는 일을 하지 않아도 저절로 재산이 불어나는 사람을 말합니다. 어떻게 일을 하지 않는데도 재산이 늘어나는 걸까요? 그 비결은 금리, 물가, 투자 등의 상관관계를 알면 쉽게 이해할 수 있습니다.

만약 물가가 오르는 인플레이션 상황이 오면, 정부는 시장에 풀었던 돈을 거둬들여 물기를 내리려고 합니다. 풀어둔 돈을 거두는 방법은 금리를 올려 시중 자금을 은행이 흡수하게 만드는 것인데, 이때 은행에 돈을 맡기면 이자 수익이 생기는 것이지요. 금리 상승기에 자본이 충분한 사람은 금리가 높은 곳으로 자금을 옮기면서, 굳이 일하지 않아도 이자 수익을 얻어 재산을 불립니다.

반대로 물가가 안정돼 금리를 낮추는 금리 인하기에는 부자의 눈은 기업으로 향합니다. 시중에 많은 투자금이 풀려 기업은 여유롭게 다양한 시설 투자, 개발 등 미래형 사업을 진행하면서 성장 기반을 마

련합니다. 이때 부자는 은행에 있던 돈을 유망 기업 주식에 투자해, 해당 기업이 좋은 실적을 내면 주가 상승으로 또 돈을 법니다.

아주 단순한 예시라 원래 부자였던 사람은 은행이든, 기업이든 투자할 돈이 이미 있지 않느냐고 반문할 수 있습니다. 하지만 분명한 것은 기존 자본에 경제지식을 더해 투자에 성공하면 큰 시너지 효과가 난다는 것입니다.

그렇다면 부자도 우리처럼 투자 시드머니를 모으는 시기가 있었을까요? 많은 글로벌 자산가가 재산을 불린 비결을 '합리적 소비와 절약'으로 꼽습니다. 그만큼 부자가 되는 첫걸음도 결국 수입보다 지출이 더 중요하다는 것을 알 수 있습니다.

최근 인터넷에서 '가난한 사람들의 특징, 부자들이 생각하는 가난해지는 요인'이라는 글이 주목을 받았습니다.

- 필요하지도 않은 물건을 싸게 사고 좋아한다.
- 작은 소비를 계속한다.
- 폭식, 쇼핑, 유흥으로 스트레스를 푼다.
- 시간을 갈아 넣어서 푼 돈을 아낀다.
- 부자처럼 보이는 것에 큰 소비를 한다.

여러분은 몇 개나 해당되나요? 사실 저도 읽어보면서 '어? 나도 그런 것 같은데?'라는 생각을 했습니다. 이런 글이 공통적으로 가리키고 있는 것은 '수입'이 아닌 '지출'이었습니다. 보통 부자를 떠올리면, 돈을 많이 벌어서 부자가 된 거고, 절약은 가난한 사람 몫이라고 생각합니다.

하지만 부자도 투자금을 마련하기까지 혹은 사업체를 꾸리고 수익을 내기까지, 절약을 기본으로 하지 않는다면 평생 마이너스 인생을 벗어나기 어려웠을 겁니다.

그래서 우리는 아이에게 부자가 될 수 있다는 막연한 희망을 주는 것보다 경제 기본 개념을 스스로 깨우치게 하는 것을 더 우선해야 합니다. 단순히 '부자가 되면 좋다'라는 개념을 심어주는 것이 아니라, 부자처럼 사고하는 방식을 알려주는 게 더 중요합니다. 돈이 돌며 다시 돈을 만드는 흐름이 유기적으로 이어져야 부의 축적이 가능하다는 것을 알려주는 것이 이번 교육의 핵심입니다.

그래서 아이 눈높이로 알려주는 경제 교육 5계명은 다음과 같습니다.

- 수입이 있어야 지출도 있다.
- 수입보다 지출이 항상 적어야 한다
- 저축은 선택이 아닌 필수다.
- 적금, 주식, 경제 공부는 항상 해야 한다.
- 부자처럼 보이는 것에 소비하지 말고 진짜 부자가 돼야 한다.

용돈기입장 부분에서도 말했지만, 수입과 지출이 이뤄지는 과정과 흐름을 보는 눈을 기르는 게 무엇보다 경제 교육에서 중요합니다. 수입은 지출보다 커야 합니다. 과도한 소비는 돈이 축적될 틈이 없게 만듭니다. 월급날 매일 하는 말이 '월급이 통장을 스친다'입니다. 자동이체나 신용카드로 미리 결제하고 월급이 들어오면 갚는 방식은 수입과 지출을 같게 해 재산이 쌓일 틈을 주지 않습니다.

부자가 되기 위해 배워야 할 것은 부자처럼 보이는 소비가 아니라, 부자가 투자하는 방법과 부지런히 투자금을 모으는 실천력입니다. 시드머니를 모으는 빠른 방법은 없습니다. 무조건 수입보다 지출이 적어야 하고, 남은 수입은 저축 등 원금 손실 없는 안정적인 방법으로 모아야 합니다.

적금, 주식, 경제 공부는 세계적인 돈의 흐름을 좇아가면서, 안정적으로 최대한의 수익을 내는 방법을 배우는 과정입니다. 그러니 남보다 적은 시드머니를 가졌다고 실망하지 말고, 더 부지런히 공부해 그 간격을 좁히는 것이 우리가 할 수 있는 최선의 선택입니다.

가장 경계해야 하는 것은 부자처럼 보이기 위해 내 수입에 맞지 않는 과도한 소비를 하는 것입니다. 우리나라는 지나치게 남을 의식합니다. 누가 어떤 비싼 옷을 입었는지, 누가 어떤 차를 끌고 다니는지, 어디로 여행을 갔는지, 어떤 집을 샀는지 등 관심도 많고 따라하고 싶은 욕구도 큽니다. 하지만 이것은 가난해지는 지름길입니다. 늘 과도한 소비를 경계해야 합니다.

제가 늘 얘기하는 것이 있습니다. "투자는 반드시 해야 하지만, 주식에 투자하는 돈은 반드시 당장 써야 하는 돈이 아닌 여윳돈이어야 한다."라고요.

그러니 우리는 투자를 시작하기 전에 투자금을 만드는 것부터 차근차근 단계를 밟아가야 합니다. 투자는 해야 하지만, 저축을 습관으로 만들어야 안정적인 자산증식을 할 수 있습니다. 1년 만기 적금도 제대로 기다리지 못하는 투자자가 어떻게 주식을 장기 보유할 수 있을까요?

매달 꼬박꼬박 저축하는 습관을 들여야 하는 이유는 종자돈을 만들고, 투자에 따른 기다림의 가치를 알게 되는 가장 좋은 수단이기 때문입니다. 아이와 목표를 세우고, 이를 달성하기 위한 저축 계획을 함께 수립하는 것도 좋은 경제 공부가 될 수 있으니 꼭 한 번 해보기 바랍니다.

아이와 함께 하는 쉬운 기업분석 방법

저는 주식 전문 채널의 기업분석을 빼놓지 않고 보는 편인데, 처음 들을 때는 어려운 용어가 많아 '내가 제대로 알아듣고 있는 건가?'라는 생각이 들기도 했습니다. 그만큼 기업분석은 전문적인 내용이 담겨있고, 투자를 결정하는 다양한 정보가 응집돼 있어 단순하게 판단할 수 없습니다.

하지만 이런 기업분석을 아이와 함께 쉽게 풀어내는 것이 좋은 경제 공부의 시작이 될 수 있습니다. 아이와 함께 어려운 것을 쉽게 풀어내는 것을 연습해야 합니다. 투자의 목적이 무엇인지, 그로 인해 얻게 될 투자자의 이점은 무엇인지, 이 두 가지 중요한 핵심 포인트를 알면 기업분석이 훨씬 쉬워집니다.

날짜	24.6.19	종목명	lvmh(유럽)	현재가	710.01	목표가	884.2

1. 코로나 시기에도 잘 팔리는 명품(대체불가능, 독과점)
2. 계열사
   패션 : 루이비통, 디올, 셀린느, 펜디, 지방시, 마크제이콥스, 로에베 등
   보석, 시계 : 티파니, 불가리, 태그호이어, 위블로 제니스 등
   향수, 화장품 : 디올, 겔랑, 메이크업포에버 등
   주류 : 모엣 샹동, 돔 페리뇽, 샤토디켐, 헤네시 등
   유통 : 세포라, DFS갤러리아, 마이애미크루즈라인서비스 등
3. 프랑스 시가총액 1위
4. 지속되는 매출증가 : 2020년 이후로 꾸준히 매출 증가
5. 안정적 장기보유 투자 가능
6. 연간배당 2024년 1주당 7.5유로(약11,115원)
7. 프랑스, 독일 상장(프랑스가 거래량이 많음)

risk	1. 아시아 매출 비중 30.04%(미국 27.21%, 유럽 16.06%, 프랑스 7.67%) 2. 아시아 매출 비중이 높아 중국 정책에 따라 실적 영향 3. 유로 거래에 따른 환차손, 환차익 주의 (환전에 따른 수수료 우대 必)

관련주	ETF 펀드	HANARO 글로벌 럭셔리 S&P(합성)ETF IBK럭셔리라이프스타일증권자투자신탁(펀드)
	명품 소비주	KERING(구찌), HERMES

투자의견	대체불가능한 명품계 독과점, 장기투자, 장기보유(배당O)

기업분석 예시

기업분석에서 꼭 들어가야 하는 요소

• 주식 현재가 : 기업분석 시점의 주식 가격

• 주식 목표가 : 증권사 리포트에서 제시한 목표 가격

• 주요 추진 사업 내용 : 시장 경쟁력, 독과점 여부, 주력 상품의 미래 성장성

• 재무안정성 : 매출, 순이익, 배당 등에 대한 추이

• RISK 요인 : 현재 호재를 막을 위험과 위험이 닥쳤을 때 이겨낼 수 있는 근거

• 관련 주식 : 관련 기업, 동종업계 기업, 개별주 외 간접투자 방법(ETF, ETN 등)

• 매수, 매도 결정 근거 : 투자의견

저만의 기업분석 보고서에는 이 7가지 내용이 꼭 들어갑니다. 이 요소들을 반영하면 좀 더 객관적이고 명확한 투자 근거를 제시할 수 있습니다. 아이와 함께 기업분석을 한다는 것 자체가 아이가 투자 기업에 대해 관심을 갖고, 투자 결정할 수 있는 권한을 주는 것이기에,

제대로 알고 작성하는 것이 중요합니다.

이 방식의 장점은 생활 속에서 투자처를 찾을 때 이 7가지 요인을 기준으로 아이가 스스로 투자 결정을 할 수 있는 정보력을 쌓을 수 있다는 것입니다.

사실 기업분석은 성인도 힘듭니다. 제가 엄마들을 대상으로 경제 스터디를 운영할 때 참가자들이 가장 힘들어 한 것도 바로 이 부분이었습니다. "도대체 이 많은 정보를 어디서 찾아야 하는지 모르겠다." 라는 것이 이유였습니다. 하지만 각 증권사마다 종목 정보 및 투자 의견을 정리해서 제공해, 필요한 정보를 쉽게 얻을 수 있으니 너무 염려하지 않아도 됩니다.

증권사 MTS에서 제공하는 기업 정보(출처 : 삼성증권)

쉽게 기업 정보를 얻는 방법은 증권사 앱(MTS)에서 각 종목 카테

고리를 보면 됩니다. 종목 정보, 재무, 주가 추이를 비롯해 종목 매매

에 대한 전문가 의견도 엿볼 수 있습니다. 최근에는 AI가 분석한 투자 의견을 제공해, 빅데이터에 기반한 객관적인 정보도 손쉽게 얻을 수 있습니다.

그러니 초보자라고 기업분석을 너무 두려워하지 말고 '기업분석에 꼭 들어가야 하는 요소'를 채우면서 각 증권사에서 제공하는 정보도 함께 취합하면, 충분히 자신만의 기업분석 리포트를 얻을 수 있을 것입니다.

대대손손 물려줄 종목 선택하기

주식 투자에서 종목 선택은 참 어렵습니다. 시장을 정확하게 예측하는 것은 기의 불가능에 가깝지만, 시간이라는 무기를 가지면 조금 더 여유롭게 시장을 바라볼 수 있습니다. 우리 아이들의 계좌는 주로 장기투자 종목을 고르는 것이니, 재원이 탄탄하고 앞으로 시장에서 살아남을 수 있는 기업을 우선적으로 찾으면 됩니다. 결국 대대손손 물려준다는 것은 장기투자로 꾸준히 수익을 낼 수 있는 종목을 찾는 것을 의미하는데, 저는 이 기준을 3가지로 잡고 있습니다.

첫 번째, 시가총액이 큰 기업입니다.

시가총액은 증권 거래소에 상장된 총 주식을 그날의 종가로 평가한 금액입니다. 상장 기업 주식의 가치를 금액으로 환산해 기업 규모를 파악할 수 있는 주요 지표로 활용됩니다. 시가총액이 큰 기업일수록 투자자들이 해당 회사 주식을 많이 보유하고 있고, 거래도 활발하다는 것을 의미합니다. 국내외 시가총액 상위 기업에만 투자해도 비교적 쉽게 우량주를 선별할 수 있습니다.

코스피	코스닥									
N	종목명	현재가	전일비	등락률	액면가	시가총액	상장주식수	외국인비율	거래량	PER	ROE
1	삼성전자	54,100	▲ 400	+0.74%	100	3,229,652	5,969,783	51.17	22,805,072	11.46	4.15
2	SK하이닉스	167,100	▼ 5,900	-3.41%	5,000	1,216,492	728,002	54.49	4,353,818	11.66	-15.61
3	LG에너지솔루션	390,500	▲ 8,500	+2.23%	500	913,770	234,000	4.90	263,810	-251.94	6.36
4	삼성바이오로직스	962,000	▼ 2,000	-0.21%	2,500	684,694	71,174	13.25	79,021	65.05	9.12
5	현대차	203,500	▼ 1,000	-0.49%	5,000	426,162	209,416	39.92	767,172	4.45	13.68
6	셀트리온	180,100	▼ 900	-0.50%	1,000	390,958	217,079	22.80	592,560	192.83	5.07
7	기아	94,800	▲ 800	+0.85%	5,000	376,994	397,673	39.45	971,101	3.94	20.44
8	고려아연	1,813,000	▼ 187,000	-9.35%	5,000	375,351	20,703	13.96	248,705	59.98	5.72
9	삼성전자우	45,500	▼ 50	-0.11%	100	374,413	822,887	74.51	1,110,458	9.64	N/A
10	KB금융	85,300	▼ 500	-0.58%	5,000	335,680	393,528	77.50	4,227,959	7.37	8.44

2024년 12월 기준 국내 시가총액 상위 기업 리스트(출처 : 네이버페이증권)

우리나라 대표 기업은 삼성전자입니다. 시가총액도 2위와 비교해도 2배 이상 차이 나고, 거래량 차이도 7배에 가깝습니다. 여기에 주식 단가가 생각보다 낮아 '국민 주식'이라고 부를 만큼 개인투자자가 포트폴리오에 꼭 넣는 종목이기도 합니다.

개인투자자 사이에서는 "삼성전자가 망하면 우리나라가 망한다." 라고 말할 정도로 안전한 주식으로 여겨지고 있습니다. 아이에게 물려줄 주식의 기업이 부도 리스크가 거의 없다면 금상첨화겠지요? 그래서 많은 사람이 시가총액 상위 기업을 아이 계좌에 넣어주는 것을 선호합니다. 저도 처음 아이 계좌 국내 주식은 모두 삼성전자 우선주로 채웠는데, 시가총액 1위가 주는 안정감, 우수한 주주환원 정책, 분기 배당으로 재투자가 가능한 종목이라는 것이 이유였습니다.

하지만 시가총액이 기업의 모든 가치를 반영하는 것은 아닙니다. 현재 가치가 상위에 있다는 것뿐이지 영원히 그 기업이 수익을 잘 내는 곳이라고 장담할 수는 없습니다. 시가총액 상위 기업의 실적을 꾸준히 확인하면서, 글로벌 성장 동력이 있는지를 판단해 투자를 결정하는 게 좋습니다.

기업		종목	거래소	섹터	산업	시가총액 ⬍	주가수익비율	PEG 비율
☐ 1	AAPL	애플	나스닥	기술	컴퓨터, 전화 및 가전제품	US$3.48조	34.7x	3.28
☐ 2	NVDA	엔비디아	나스닥	기술	반도체 및 반도체 장비	US$3.31조	62.7x	0.14
☐ 3	MSFT	마이크로소프트	나스닥	기술	소프트웨어 및 IT 서비스	US$3.09조	35.1x	1.6
☐ 4	GOOG	알파벳 C	나스닥	기술	소프트웨어 및 IT 서비스	US$2.01조	23x	0.5
☐ 5	GOOGL	알파벳 A	나스닥	기술	소프트웨어 및 IT 서비스	US$2조	23.2x	0.5
☐ 6	AMZN	아마존닷컴	나스닥	소비순환재	다양한 소매업	US$1.96조	43.6x	0.19
☐ 7	META	메타	나스닥	기술	소프트웨어 및 IT 서비스	US$1.48조	29x	0.23
☐ 8	BRKa	버크셔해서웨이	뉴욕	필수소비재	소비재 그룹	US$9,805.80억	14.5x	-0.71
☐ 9	BRKb	버크셔 해서웨이 B	뉴욕	필수소비재	소비재 그룹	US$9,805.80억	14.5x	-0.71
☐ 10	AVGO	브로드컴	나스닥	기술	반도체 및 반도체 장비	US$8,672.80억	164.3x	-2.26

2024년 12월 기준 미국 시가총액 상위 기업 리스트(출처 : 인베스팅닷컴)

미국 주식도 마찬가지입니다. 시가총액 상위 순으로 보면, 기술 혁신을 이끌어가는 기업이 대부분입니다. 이들 기업의 글로벌 시장 영향력은 가히 상상 이상입니다. 현재 미국의 경제성장률은 전 세계에서 가장 높은 수준입니다. 시장 규모와 거대한 자금력을 생각한다면 투자를 할 이유는 충분합니다.

저는 아이 계좌의 70%를 미국 주식에 투자하겠다고 마음먹었고, 실제로 1,300만 원 정도를 아마존닷컴, 애플, 테슬라, 엔비디아 등 기술주에 투자했습니다. 가장 수익률이 높은 종목은 일찍부터 사모았던 아마존닷컴으로 1년만에 108%를 기록했습니다. 안정적인 투자를 원했던 저는 시가총액 상위 기업들로 포트폴리오를 구성했고, 1년 8개월 동안 투자한 기업 모두 평균 50% 이상의 수익률을 얻었습니다.

물론 시가총액이 크다고 무조건 수익률이 높은 것은 아닙니다. 하지만 시가총액이 크다는 것은 해당 기업이 벌어들이는 수익이 크고, 그만큼 대중의 관심이 높다는 것은 확실합니다. 전 세계 산업을 이끄는 기업이라면 충분한 수익성을 기대할 수 있는 만큼, 시가총액을 기준으로 주식을 1차 선별하는 것이 좋습니다. 실적도 우수하고 장기 보유하면 안정적인 수익을 꾸준히 낼 수 있으니 대대손손 물려주는 종목을 정할 때는 시가총액이 주요한 투자 지표임은 분명합니다.

두 번째, 재무안정성입니다.

재무안정성은 정말 중요한 투자 지표입니다. 기업은 실적으로 보여줘야 합니다. 돈을 잘 버는 기업에 투자해야 그만큼 주주에게도 이익으로 돌아옵니다. 따라서 재무제표를 볼 때 당연히 부채보다 이익이 더 많아야 하고, 실적도 꾸준히 나와야 합니다. 이는 보통 수익성 지표로 판단할 수 있는데, 대표적인 수익성 지표로 ROE(Return on Equity), ROA(Return on Asset)가 있습니다.

ROE(Return on Equity)는 자기자본이익률이라고 하며, 자기 자본으로 영업활동을 하며 얻은 이익을 뜻합니다. 부채를 제외한 순자산을 나타내는 지표이기도 합니다.

ROE = 당기순이익/자기자본(자산-부채)×100%

위 수식으로 계산하며, ROE가 높을수록 회사가 영업을 잘해서 수익성이 높다고 판단하면 됩니다.

ROA(Return on Asset)는 총 자산수익률로, 총자산(부채+자본)으로 얼마나 많은 순이익을 창출했는지를 보여주는 지표입니다. ROA로 기업 경영의 효율성을 알 수 있습니다.

다만 ROA는 부채를 포함한 총자산으로 수익률을 계산해 부채 증간에 따라 ROA 수치도 변동 가능성이 있습니다. 그러므로 총 자산에서 부채를 제외한 ROE도 함께 보고 기업 수익성을 판단해야 오차를 줄일 수 있습니다.

수익성 지표를 볼 때 한 가지 팁은 부채비율이 낮으면서 ROE가 높은 기업이 재무건전성이 좋은 종목이라는 것입니다. 또, 해당 기업이 계속 수익을 내는지 보려면 영업이익, 당기순이익이 꾸준히 상승하는지를 우선 체크해야 합니다. 배당이 있는 기업이라면 배당률이

지속적으로 증가하는 추세인지 살펴보는 것도 재무구조 파악에 좋

은 척도가 될 수 있습니다.

추정실적 컨센서스   주재무제표 ▾   검색

연간	분기

| 재무년월 | 매출액(억원, %) | | 영업이익 (억원, %) | 당기순이익 (억원, %) | EPS (원) | PER (배) | PBR (배) | ROE (%) | EV/EBITDA (배) | 순부채비율 (%) | 주재무제표 |
	금액	YoY									
2021(A)	2,796,048	18.07	516,339	392,438	5,777	13.55	1.80	13.92	4.89	-34.69	IFRS연결
2022(A)	3,022,314	8.09	433,766	547,300	8,057	6.86	1.09	17.07	3.23	-29.57	IFRS연결
2023(A)	2,589,355	-14.33	65,670	144,734	2,131	36.84	1.51	4.14	9.73	-21.92	IFRS연결
2024(E)	3,089,363	19.31	390,404	345,939	5,093	15.63	1.42	9.44	5.50	-22.40	IFRS연결
2025(E)	3,427,612	10.95	551,322	460,112	6,774	11.75	1.30	11.57	4.30	-24.33	IFRS연결

* (A) 는 실적, (E)는 컨센서스

기업의 재무안정성 지표로 사용할 수 있는 재무제표(출처 : 네이버페이증권)

결론은 사람들이 많이 찾는 기업은 그만큼 물건도 잘 팔고 돈도

잘 버는 곳이라는 것입니다. 이런 회사가 수익을 많이 남겨 주주에게

환원하는 것은, 그만큼 투자 매력도를 올려 주가 상승에 플러스 요인

이 됩니다. 이러한 기본적인 재무구조를 파악해 좋은 기업을 선별하

는 것도 대대손손 물려줄 종목을 보는 눈을 기르는 좋은 투자 공부

입니다.

주의해야 할 점은 주주에게 수익을 많이 나눠준다고 무조건 좋은 회사가 아니라는 것입니다. 회사가 주주에게 수익을 나눠주고도, 지속적으로 좋은 수익성을 유지하는지를 파악해야 합니다.

세 번째, 시장 경쟁력과 미래 먹거리 산업에 속하는지 살펴봐야 합니다.

대대손손 물려줄 기업을 보는 눈은 단기간에 키워지지 않습니다. 투자심리를 자극할 수 있는 시장 경쟁력과 발전 가능성을 모두 충족하는 기업을 찾아야 하기 때문입니다.

시장 경쟁력이 높은 기업을 찾는 것은 어렵지 않습니다. 이는 하나의 질문에서 시작됩니다.

"이 물건(서비스)을 내체할 수 있는가?"라는 물음에 대안을 찾을 수 있는 기업이라면, 시장 경쟁력이 높은 편은 아닙니다. 시장경쟁력이 높은 기업이라면 고유의 기술을 가지고 있을 확률이 높습니다. 이는 곧 시장 독과점으로 이어집니다.

예를 들면 AI 기술 구현에 결정적인 역할을 하는 반도체칩 GPU를 만드는 독과점 기업인 엔비디아는 현재 경쟁상대가 없어 독주하고 있으며, 이는 주가를 결정하는 큰 요인입니다. 엔비디아의 주가상승률은

2024년 평균 181%이며, 최근 5년간 3,477% 상승을 기록했습니다.

사실 정부가 특정 기업의 시장 독점을 막기 위해 규제를 만드는 등의 제한을 할 수는 있지만, 이를 대체할 수 있는 퀄리티 높은 상품이 없다면 독과점을 막을 수 없습니다. 그래서 장기투자를 할 때에는 이런 시장 경쟁력이 높은 기업이 있는지, 아이와 함께 일상에서 찾는 연습을 하는 습관이 필요합니다.

내가 찾은 기업이 어떤 사업을 추진하는지 확인하는 것은 기본 상식입니다. 그 사업이 미래 먹거리 산업에 속하는지 살펴보는 것이 중요합니다. 국내외 시가총액 상위 기업은 어떤 사업에 투자하고 있는지 살펴봤더니, 미국은 소프트웨어, AI, 인터넷 서비스, 스마트폰, 소셜미디어, 전기차, 헬스케어, 제약, 의료기기 등으로 분류할 수 있었습니다.

우리나라도 마찬가지로 전자제품, 반도체, 2차전지, 인터넷 서비스, 자동차, 바이오제약 등 대부분 미래 먹거리 산업으로 분류되고 있는 첨단 산업에 포진돼 있었습니다.

글로벌 트렌드를 놓치지 않는 기업만이 생존할 수 있습니다. 그 산업을 미리 알아두고, 선두로 나서는 국내외 기업 리스트를 구성하면, 대대손손 물려줄 장기투자 종목을 가릴 수 있습니다.

미래 유망 기업을 발견하는 방법

저는 최근 아이 계좌에서 국내 주식과 미국 주식 비율을 조정했습니다. 미국 기술주에 무조건 투자하기보다, 좀 더 다양한 섹터를 공부하고, 투지 금도 골고루 분산하는 것이 20년 계획의 자녀 증여에서 최대한의 효율을 얻는 방법이라는 생각 때문입니다.

그래서 '세계 경제 리더인 미국의 10대들이 좋아하는 브랜드에 투자하면 어떨까?'라는 아이디어를 냈습니다. 단순히 미국 아이들의 소비가 더 크기 때문이 아니라, 전 세계 소비 채널을 장악하고 있는 미국 기업들이 글로벌 주식 시장의 핵심을 이루고 있기 때문입니다.

참고 자료는 파이퍼 샌들러의 보고서입니다. 미국의 투자은행 파이퍼 샌들러는 매년 10대 관련 보고서를 발표합니다. 보고서는 미국 47개 주에 거주하는 평균 연령 16.2세의 10대 대상 설문조사를 기반으로 작성됩니다. 10대들의 브랜드 선호도 및 취향을 미리 파악하는 것이 좋은 투자 인사이트가 되는 것은 바로 이들이 구매력이 생기는 20~30대가 되었을 때, 선호도가 이어질 가능성이 크고, 이는 곧 기업의 실적으로 연결되기 때문입니다. 2024년 봄 설문조사에서는 어떤 결과가 있었는지 한번 살펴볼까요?

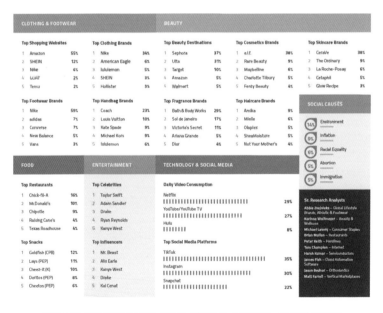

2024 봄 미국 10대 브랜드 선호도 설문조사 순위(출처 : 파이퍼 샌들러)

미국 10대들이 선호하는 인터넷 쇼핑 사이트는 아마존이 55%로 부동의 1위입니다. 테무가 2%로 5위에 등장한 것도 눈 여겨 볼 만하네요.

미국 10대가 가장 많은 용돈을 지출하는 분야는 화장품으로, 우리나라 기업의 수출에도 영향을 주고 있습니다. 우리나라와 달리 화장품 구입을 대부분 오프라인에서 해 세포라와 울타 점유율이 높습니다.

파이퍼 샌들러 보고서에서 의미 있는 인사이트를 발견하기 위해서는 신규 진입 브랜드의 순위와 점유율을 확인하고, 지난 시즌 대비 성장세와 주가를 함께 체크해야 합니다.

미국 10대를 중심으로 점유율을 높이고 있는 엘프뷰티의 최근 3년 주가 차트
(출처 : 네이버페이증권)

그 예로 코스메틱 브랜드 1위 e.l.f(엘프 뷰티)는 시장점유율이 2023 가을 시즌 29%에서 2024 봄 시즌 38%로 크게 상승했습니다. 지난 18개월간 280% 상승률을 보인 엘프 뷰티 주가는 2019년 16%, 2020년 56%, 2021년 32%, 2022년 67%, 2023년 161% 급등했습니다. 식물성 원료(비건) 사용과 동물 실험을 하지 않는 착한 기업 이미지, 고품질 제품을 저렴하게 판매하는 전략으로 MZ세대의 강력한 지지를 받고 있습니다. 18~25세 소비자를 대상으로 진행한 한 조사에서는 매일 사용하는 메이크업 브랜드 1위에 선정됐으며, 실제 고객층의 60%가 18세~34세로 알려졌습니다.

이렇게 미국 10대들의 선호도는 장기적으로는 브랜드 파워와 주가를 결정하는데 지대한 영향을 미칩니다. 앞으로 미국 10대들이 어떤 브랜드 제품을 사고 싶어하는지, 파이퍼 샌들러 보고서를 꾸준히 확인하며 인사이트를 얻는 것도 좋은 투자 습관이 될 수 있습니다.

미래 유망기업 투자의 경우 소비세대를 주목해야 합니다. 지금 당장 구매력이 있는 세대를 공략하는 것이 아닌 10년, 20년 후에 소비 여력이 있는 세대를 공략하는 기업이 꾸준히 실적을 끌어올릴 수 있습니다. 우리는 이점에 주목해 시장 상황을 지켜봐야 합니다.

Part 4

아이와 함께 하는

경제 공부 마스터 플랜

1

생활 속 투자처
발견하기

아기용품 만드는 회사도 상장되었을까?

2023년 2월 기업공개(IPO)를 하고 따상상(시초가가 공모가의 두 배로 형성된 뒤, 이틀 연속 상한가)을 기록하며 주목을 받은 종목이 하나 있습니다. 바로 아기용품을 만드는 기업 꿈비입니다. 꿈비는 중소형주지만, 상장일인 2023년 2월 9일 1만 원에 거래를 시작해, 이틀 연속 상한가를 치며 많은 사람을 놀라게 했습니다.

언뜻 신규 상장주라 많은 사람에게 생소할 것 같지만, 꿈비는 아이 엄마라면 모르는 사람이 없을 정도로 층간소음 매트, 베이비룸, 원목가구 등을 판매하는 인지도 높은 기업입니다. 세련된 디자인과 합리적인 가격으로 아기 엄마 사이에서 인정받고 있으니, 상장 후 좋은 성과를 거둔 것입니다.

꿈비 케이스만 봐도, 내가 아는 기업에 투자하는 '생활 속 투자처 발견하기'가 얼마나 중요한지 알 수 있습니다. 내가 매일 쓰고 있고, 없어서는 안 되는 제품을 만드는 기업이 있다면, 그 물건을 나만 쓰는 게 아니고 내가 속한 집단에서 사용하고 있다면 어떨까요? 충성도 높은 소비자를 확보한 기업의 주식은 당연히 시장 경쟁력이 있다고 판단할 수 있습니다.

우리는 0세부터 시작하는 증여 플랜을 계획하고 있으니, "아기용품 만드는 회사도 상장되었을까?"라는 물음에 쉽게 답할 수 있게, 생활 속에서 발견할 수 있는 투자처의 리스트를 만들어 보겠습니다.

번호	기업	23년 매출	주력 사업	보유 브랜드	증권표준코드/ 상장시장
1	아가방 컴퍼니	1,864억 원	유아 의류·용품 제조 및 판매	아가방, 디에베이비, 에뜨와, 넥스트맘, 아가방갤러리, 이야이야오 등	013990/ 코스닥
2	제로투세븐	694억 원	아동복, 용품 판매 및 유통	알로앤루, 포래즈, 알퐁소, 궁중비책(유아 스킨케어 전문 브랜드)	159580/ 코스닥
3	메디앙스	660억 원	유아 스킨케어, 수유용품 완구발육용품, 유아용 패션 등	B&B, 닥터아토, 유피스, 더퓨어 등	014100/ 코스닥
4	캐리소프트	85억 원	키즈 & 패밀리 분야 영상, 애니메이션 콘텐츠 기획	캐리와 장난감 친구들로 알려진 캐리언니를 비롯 엘리, 케빈 등 캐릭터를 활용한 지적재산권 보유	317530/ 코스닥
5	예림당	205억 원	아동도서 출판 및 매니지먼트사업 등	도서 'Why?' 시리즈, 튤립 사운드북 등	036000/ 코스닥
6	삼성출판사	418억 원	유, 아동 서적, 영어교재 출판	삼성영어셀레나, 마이리틀타이거, 핑크퐁컴퍼니, 아트박스 등	068290/ 코스피
7	토박스 쿠리아	486억 원	유, 아동 신발 도소매 및 프리미엄 유아동화 셀렉숍 사업	베이비브레스, 씨엔타, 헌터, 미니엘리사, 메듀즈, 다이노솔즈 등	215480/ 코스닥
8	꿈비	289억 원	매트, 아기침대, 베이비룸, 원목가구, 홈/리빙, 스킨케어 등	꿈비, 리코코, 오가닉 그라운드, 파미아, 미미루, 바바디토, 러브휴잇	407400/ 코스닥
9	대교	6,597억 원	전인교육, 학습	눈높이, 써밋, 올인원, 아이레벨, 드림멘토, 대교어린이, 노리Q, 트니트니 등	019680/ 코스피
10	매일유업	17,830억 원	유가공 제품, 외식, 조리식품, 식자재 유통 등	매일우유, 상하목장, 허쉬, 바이오, 엔요, 상하치즈, 썬업, 페레로로쉐, 매일두유 등	267980/ 코스닥

생활 속 투자처 찾기 : 유아동 기업분석표

총 10개 기업 리스트를 뽑았는데, 평소에 이렇게 아이와 관련돼 자주 사용하거나, 선호하는 브랜드를 보유하고 있는 기업 리스트를 만들고, 앞으로의 성장세, 발전 방향 등을 평가해 투자하는 것이 좋은 투자처를 찾는 방법입니다.

저는 제로투세븐과 꿈비 주식을 매수한 적이 있습니다. 투자 결정은 아이 관련 사업을 하는 이 두 회사가 충분한 경쟁력을 갖췄기 때문인데요.

특히 주식 시장이 정체됐던 2023년 초를 뜨겁게 달궜던 중소형 공모주 꿈비는 국내 특허 디자인 200여 건, 해외 특허 및 디자인 188건 등 다수의 지적재산권(IP)를 갖고 있다는 점이 매력적이었습니다. 단순히 유아 매트를 파는 기업으로 생각했다면 과소평가이며, 실적을 기반으로 성장한 것과 함께 저출생 관련주라 정부 정책 수혜 기대감에 연속 상한가를 쳤습니다.

제로투세븐은 2024년 6월 정부가 '인구전략기획부'를 신설하고 저출생 문제를 해결하기 위한 대책을 마련하겠다고 발표한 이후, 관련 테마주로 부상하면서 주가가 급상승할 때 매수를 결정했습니다.

제로투세븐을 선택한 이유는 오랜 기간 동안 엄마들의 사랑을 받았던 유아동 스킨케어 브랜드 '궁중비책'으로 탄탄한 인지도를 쌓았고, 2000년대 초기 임신, 출산 및 육아 관련 기업의 고객관계관리 서비스업을 영위한 이력 때문입니다. 테마주라 주가 급등 호재가 오래 가지 않았지만, 꽤 괜찮은 수익을 냈고, 또 다른 호재가 있지 않는 이상 장기적으로 가지고 갈 종목은 아니라고 생각해 매도했습니다.

여기서 중요한 것은 내가 그 회사의 상품을 써본 경험이 있고, 또 그 상품 구매를 언제까지 지속할 것인지를 판단하는 것입니다. 생활 속 투자처 찾기는 멀리 있지 않으니 주변을 둘러보면서 천천히 고민해보는 건 어떨까요?

우리 아이가 좋아하는 물건을 만드는 회사는 어디일까?

초등기에도 여전히 이이 관련 제품을 생산하는 기업을 찾는 것은 흥미로운 주제입니다. 최근 초등학생은 유행에 민감해, 이를 가정에서도 신경 쓸 수밖에 없습니다. 유아기와는 다른 부류의 기업, 보통 학습 관련, 완구, 의류, 헬스케어 분야로 새롭게 종목 구성을 할 수 있습니다.

번호	기업	2023년 매출(억 원)	주력 사업	보유 브랜드	증권표준코드/ 상장시장
1	손오공	503억 원	게임/완구 비즈니스	• 닌텐도 스위치 및 비디오게임기 소프트웨어 오프라인 대형 유통채널에 독점 공급 • 리그오브레전드 PC방 유통사업 • 쥬라기월드, 핫휠, 피셔프라이스, 메가블럭, 옥터넛 등 완구 판매	066910/ 코스닥
2	메가스터디	1,078억 원	초등~대입 관련 교육	EBS 수능완성, 이감 모의고사, EBS고교 교재 등	072870/ 코스닥
3	삼익악기	2,479억 원	피아노, 디지털 피아노, 우쿨렐레, 교육용 악기 등	삼익, ALESIS, 모아나, 몬스터, EDUARD SEILER 등	002450/ 코스피
4	삼천리 자전거	1,068억 원	자전거, 전기사선거, 하이브리드, 자전거 용품 등	레스포, 삼천리자전거, 팬텀, 아팔란치아 등	024950/ 코스닥
5	휠라홀딩스	40,066억 원	남녀 운동화, 의류, 용품 등	휠라코리아, 휠라스포츠, 매그너스홀딩스 등	081660/ 코스피
6	모나미	1,415억 원	펜, 색연필, 물감, 잉크 등	네오 만년필, 제니스7, 모니주 등	005360/ 코스피
7	신성통상	15,079억 원	니트 의류 전문 수출업체	지오지아, 엔드지, 탑텐, 탑텐키즈 등	005390/ 코스피
8	나이키	11.6억 달러	스포츠 의류, 운동화, 용품 등	에어포스, 덩크, 나이키 페가수스 등	NKE/ 뉴욕거래소
9	한미약품	14,909억 원	바이오의약품, 항암제 연구 등	텐텐, 베베, 프로캄 스토리 등	128940/ 코스피
10	현대리바트	15,857억 원	가구, 리모델링 등	윌리엄스 소노마, 포터리반 키즈, 웨스트엘롬 등	079430/ 코스피

초등기 관련 상장 기업 리스트

제가 투자를 시작하지 않은 엄마들을 대상으로 한 소규모 스터디 모임 '오머니클럽'을 진행할 때 '아이가 좋아하는 물건과 연관된 상장 기업 찾기'를 숙제로 내준 적이 있습니다. 저는 당시 돌 지난 아기를 키우고 있어 초등학생들의 관심사를 잘 몰랐고, 숙제를 봤을 때 놀라움을 감출 수 없었습니다.

고등학생 대상 인터넷 강의와 교재를 만드는 회사라고 생각했던 메가스터디는 사업 대상이 초등학생부터였으며, 현대리바트는 학부모가 키즈 맞춤 가구 제작 시 가장 우선적으로 고려하는 기업이었습니다. 이렇게 키즈와 관련된 기업 리스트를 작성할 때는 아이의 성장과 함께 그 시기에 맞는 상품을 내놓는 기업을 발굴하는 것이 중요합니다.

저도 리스트에 있는 기업을 골라 투자해봤습니다. 바로 나이키였습니다. 나이키는 제가 어릴 때도 있던 브랜드였고, 꾸준히 전 세계인에게 사랑받는 스테디 브랜드라, 앞으로도 계속 사랑받을 것이라는 확신에서 투자를 결정했습니다.

하지만 너무 많은 경쟁사, 트렌드를 반영하지 못한 오프라인 중심 판매 전략, 스포츠에 대한 이해도가 낮은 최고경영자(CEO), 중국 소비 침체 등의 악재가 겹치면서 주가가 하락했습니다. 그래서 손해 보기 전에 과감히 매도하고, 다른 유망 기업을 찾아 투자했습니다.

비록 제가 가졌던 생각과 다른 결과가 나왔지만, 제가 분석했던 리스크가 사라지고, 성장세가 다시 올라오면, 재투자할 생각이라 꾸준히 추이를 살펴보고 있습니다.

이처럼 트렌드 관련 기업이라면 향후 성장세까지 고려해 투자를 결정해야 합니다. 물론 이 과정 모두 생활 속에서 아이와 관련된 물건을 찾고, 어떤 회사가 이 물건을 만드는지 아이와 함께 알아보고 상의하면, 저처럼 이렇게 의외의 투자 포인트와 매도 포인트를 발견할 수도 있으니 더 재미있는 경제 교육을 할 수 있을 것입니다.

아이폰 사달라는 자녀에게 선물하는 애플 주식

얼마 전 중학생 자녀를 둔 학부모와 상담한 적이 있습니다. 그 나이 때 아이들이 꼭 갖고 싶은 선물이 비로 아이폰이라고 하더군요. 아이폰을 사용하는 것만으로, 아이들 안에서 흔히 말하는 '인싸'가 된다고 합니다.

최고 사양 아이폰 가격이 200만 원을 훌쩍 넘는 것을 감안하면, 웬만한 큰 가전제품과 맞먹는 고가품입니다. 그만큼 부모님 부담도 커질 수밖에 없겠지요.

이럴 때 아이를 설득하는 기술을 이야기해볼까요?

아이와 대화할 때 중요한 포인트는 '그 대단한 아이폰을 누가 만들까?'라는 것입니다. 당장 아이폰을 사는 것보다, 아이폰을 만드는 회사에 투자하는 것이 더 가치 있는 일이라는 것을 아이에게 설명하고, 이를 납득할 수 있는 멋진 프레젠테이션을 부모가 해야 합니다.

아이폰은 미국 나스닥에 상장된 애플이 만들고 있습니다. 사실 검색만 해도 어떤 기업인지 쉽게 알 수 있을 정도로 애플은 유명한 회사입니다. 아이들의 선망의 대상인 아이폰을 만드는 애플은 사실 휴대폰만 만드는 회사는 아닙니다. 실제로 스마트폰을 기반으로 애플 생태계를 구축해, 더 많은 사이드 제품을 만들어 판매합니다. 스마트폰을 중심으로 태블릿PC, 스마트워치, 블루투스 이어폰, 컴퓨터 등을 만들고 있습니다.

아이폰과 연동할 수 있는 '에어팟'이라는 블루투스 이어폰과 '애플워치'라는 스마트워치는 거의 세트라고 봐도 과언이 아닙니다. 여기에 동영상 시청을 좀 더 편하게 할 수 있는 태블릿PC '아이패드'도 인기입니다. 모든 데이터를 저장하는 '아이클라우드' 서비스도 편리한 아이폰 생활에 한몫 합니다.

글로벌 시가총액 1, 2위를 다투는 잘나가는 기업에서 만드는 제품이라는 자부심, 뛰어난 디자인과 독점적 생태계 구축으로 아이폰은 전 세계에서 가장 잘 팔리는 스마트폰이 됐습니다.

다시 아이폰을 사달라는 아이를 마주한 부모 입장에서 이야기하면, 200만 원 상당의 아이폰 대신, 애플 주식을 사준다면 몇 주를 살 수 있을까요? 2024년 12월 6일 기준, 애플 주식은 1주당 약 242달러입니다. 한화로 약 34만 원 정도이니, 200만 원이면 6주를 살 수 있습니다.

애플의 주가는 지난 3년간 약 47% 상승했습니다. 만약 지금 242달러인 애플 주식 6주를 사서 최근 3년 수익률 47%에 대입하면, 1주당 16만 3000원, 총 98만 2,000원의 수익을 볼 수 있습니다. 여기에 배당금 수익까지 있어, 복리 효과까지 기대할 수 있습니다. 애플의 10년 차트를 기반으로 하면 더 큰 수익률이 나옵니다. 애플 제품이 지금처럼 계속 인기를 얻는다면 주가는 꾸준히 상승할 것입니다.

- 1단계 : 아이폰을 만드는 회사가 어떤 곳인지 설명

- 2단계 : 애플에서 만드는 제품은 어떤 것이 있는지 예시 보여주기

- 3단계 : 아이폰 최고 사양 제품 가격 200만 원을 애플에 투자했을 때 시뮬레이션(과거 3년 데이터 기반) 제시

- 4단계 : 최신 뉴스로 앞으로 애플의 성장 가능성 예측하기

- 5단계 : 꾸준히 동기부여 해주기, 배당금 확인 → 배당금 재투자 → 복리 효과 설명

아이에게 아이폰을 포기하는 대신 애플 주식을 선택했을 때 어떤 변화가 있을지 이야기하면 영특한 우리 아이는 휴대폰 대신 분명 더 큰 꿈을 그리게 될 것입니다.

유튜브로 공부하는 아이와 구글 주식 쇼핑하기

요즘 10대 아이들은 궁금한 것이 생기면 유튜브에서 검색합니다. 이제는 검색 플랫폼에서 문서로 검색 결과를 얻기보다, 영상으로 검색 결과를 설명해주는 것을 원합니다. 10대 아이들은 여가, 취미, 공부 등 모든 활동에서 유튜브 중심 문화가 형성됐다고 해도 과언이 아닙니다.

유튜브 서비스를 제공하는 기업은 미국 나스닥에 상장된 구글입니다. 구글은 검색 서비스를 기반으로 지도, 유튜브, 크롬 브라우저, 클라우드, 구글 워크스페이스 등 다양한 사업을 진행하고 있습니다.

10대 점유율이 높지만, 40대인 저도 구글의 협업도구, 크롬 브라우저 등은 그 편리함을 대체할 것이 없어 오랜 기간 사용하고 있습니

다. 그만큼 업무효율 개선에 탁월한 구글은 만능이라고 할 수밖에 없

네요. 이러한 만능 구글 주식은 어떻게 사야 할까요? 우선 미국 나스

닥 증권거래소에 상장된 구글 주식을 찾아봅시다.

GOOGL 알파벳 Class A, GOOG 알파벳 Class C의 차이는?

알파벳 Class A 주가 차트(출처 : 네이버페이증권)

알파벳 Class C GOOG · 나스닥 증권거래소   + 관심종목 ⋮

184.49 ▲1.07 (0.58%)

184.01 ▼0.49 (-0.26%)
After Market 미국 07.01. 20:00 ●   ⓘ

일봉 주봉 월봉 1일 3개월 **1년** 3년 10년

알파벳 Class C 주가 차트(출처 : 네이버페이증권)

구글은 알파벳이라는 이름으로 상장돼 있습니다. 찾아보면 2개가
나오는데 어떤 차이점이 있을까요?

A와 C의 차이는 의결권에 있습니다. 알파벳 A는 1주당 1개 의결
권이 부여되는 주식이지만, 알파벳 C는 의결권이 없습니다. 보통은
의결권이 있고, 없음을 결정할 때 배당금 차이를 두지만, 구글 주식
은 동일하게 분기에 1주당 20센트, 연간 0.8달러의 주주환원을 하고
있습니다.

의결권 프리미엄이 있는 알파벳 A와 의결권이 없는 알파벳 C의

주가 차이가 거의 없는 것은 배당을 하지 않던 시기에 알파벳 C를 자사주 매입을 통해 소각해, 주식 수 조정으로 주당 순이익을 상승시켜 주식 가치를 올리는 정책을 고수했기 때문입니다.

이러한 성장 위주의 정책을 썼던 구글이 2024년 6월부터 분기 배당을 실시한 이유는 그만큼 유튜브라는 거대한 영상 플랫폼에서 발생하는 영업이익을 주주에게 환원해 더 많은 투자자를 유치하기 위해서 입니다.

참고로 알파벳 Class B도 있습니다. 구글 창업자들이 보유하고 있으며, 경영권 방어를 위한 비상장주입니다. 1주당 10표의 의결권을 가지고 있고, 배당금 정책도 별도로 운영되고 있습니다.

저도 알파벳 A를 보유하고 있지만, C와의 차이점을 굳이 알려고 하지 않았습니다. 하지만 자료 조사를 하면서 비상장 주식인 알파벳 B까지 있고, 구분 목적과 히스토리까지 알게 되니, 새삼 그 기업에 대해 다시 생각해 보는 계기가 됐습니다. 우리 아이도 이런 이야기를 부모에게 듣고, 내가 자주 보는 영상 플랫폼 서비스를 제공하는 회사가 어딘지, 어떻게 돈을 버는지 알면 더 흥미롭게 기업을 이해할 수 있지 않을까요?

유튜브를 운영하는 구글 히스토리로
아이의 흥미를 이끌어주세요!

● 1단계 : 유튜브 서비스를 제공하는 회사는 지주
회사로 운영되는 구글

● 2단계 : 구글 제공 서비스는 지도, 유튜브, 크롬
브라우저, 클라우드, 구글 워크스페이스 등

● 3단계 : 상장된 구글 주식 알아보기 - 알파벳 A, C

● 4단계 : 알파벳 A와 C의 차이 알아보기 - 의결권

● 5단계 : 비상장 주식 더하기 - 알파벳 B

맥도날드 주주가 돼 먹어보는 빅맥의 맛

아이들이 가장 좋아하는 패스트푸드 메뉴는 햄버거입니다. 우리 아이들이 좋아하는 햄버거를 만드는 회사가 상장돼 있는지 확인해본 적 있나요?

식음료 기업은 경기방어주로 경기와 상관없이 생활 전반에 필수적으로 소비되는 품목이 대부분이라, 실적이 꾸준해 주가 변동도 크지 않은 편입니다. 안정적인 대신 성장성은 떨어져 투자 매력도가 낮습니다. 그래도 아이들이 자주 찾는 외식 메뉴이니, 아이와 함께 어떤 기업을 공부하면 좋은지 살펴보겠습니다.

2023년 데이터앤리서치에서 실시한 빅데이터 분석에서 국내 주요 햄버거 브랜드 관심도를 비교한 결과를 내놨는데, 1위가 맥도날드였습니다. 미국 브랜드지만, 우리나라에서 큰 인기를 얻고 있습니다. 이 맥도날드라는 기업에 대해서 한번 공부해 보겠습니다.

맥도날드는 뉴욕거래소에 상장돼 있고 100개국 이상에 진출해 4만 개 이상의 매장을 보유한 식품 서비스 소매업체입니다. 사업은 국제 운영 시장 부문과 국제 개발 라이선스 시장 및 기업 부문으로 나뉘어 운영되고 있습니다.

전 세계 물가를 비교할 수 있는 빅맥 지수

맥도날드의 대표 제품인 빅맥은 경제 지표로도 활용됩니다. 각국의 빅맥 가격을 달러로 환산해 '빅맥 지수'란 이름으로 각 나라의 구매력을 평가하고, 이를 통해 국가별 환율 적정 수준도 비교합니다. 영국 경제지 이코노미스트가 1986년부터 매년 1월과 7월에 발표하고 있습니다.

빅맥 지수가 높으면 고물가이며 화폐가치가 높고, 빅맥 지수가 낮으면 저물가, 화폐가치가 낮다고 보면 됩니다.

하지만 빅맥 지수만 가지고 나라별 경제 상황을 평가하는 것은 단편적일 수도 있습니다. 빅맥을 만들기 위해 들어가는 원재료, 임대료, 세금 등의 부수적인 비용도 고려해야 해, 빅맥 지수는 참고 자료 정도로 활용하는 것이 좋습니다.

맥도날드는 대표적인 고배당주

맥도날드의 사업 형태를 보면 단순히 식음료 기업으로 볼 수 없습니다. 매장을 오픈하기 전에 부동산을 구입하고, 업주에게 임대료를 받습니다. 전 세계에 매장 수와 동일한 부동산 사산 4만 개를 보유하고 있다고 생각하면 됩니다. 부동산 리츠 기업으로 봐도 무방합니다.

독특한 사업 형태에서 나오는 건물 임대료와 로열티로 맥도날드는 주주에게 막대한 배당을 하는것으로 유명합니다. 미국 배당 귀족주의 대표주자로, 2023년 주당 6.23달러를 지급했으며, 배당률은 2.45%, 지난 5년간 배당성장률은 8.52%로, 배당성향이 무려 53.66%에 달합니다. 분기 배당을 해 많은 배당주 투자자가 포트폴리오에서 맥도날드를 빼놓지 않습니다. 아이와 이런 맥도날드의 히스토리와 배당금 이야기를 하는 것도 재미있게 경제를 교육하는 방법입니다.

세계 경제를 빅맥으로 예측하는
맥도날드 이야기

- 1단계 : 경기가 좋지 않을 때 안정적으로 투자하는
  경기방어주

- 2단계 : 국내에서 가장 좋아하는 햄버거 브랜드

- 3단계 : 전 세계 경제 지표를 알 수 있는 특별한
  햄버거 '빅맥'

- 4단계 : 의외로 고배당주

- 5단계 : 실적이 안 나와도 고배당을 유지할 수 있는
  이유. 사실은 부동산 리츠 기업

명품 옷 대신 3대 명품 회사 주식 사주기

요즘 자녀에게 적극 투자하는 'VIB(Very Important Baby)족'이 생겨날 정도로 명품 키즈 시장이 호황입니다. 가뜩이나 출산율이 낮은 우리나라에서 아이 한 명 남부럽지 않게 키우려고 하는 부모 마음이 명품 소비로 이어지고 있는 것입니다. 중고 시장에서 아이 명품을 사거나, 특별한 날에 명품 옷을 대여해 사진을 찍는 경우도 흔합니다. 아이가 가치도 잘 모르는 명품을 사주는 것보다 이렇게 말하는 건 어떨까요? "소비하는 것보다, 소비 트렌드를 만들어내는 기업을 같이 찾아보자"라고 말이죠.

에루샤가 없으면 백화점이 망한다

국내 백화점이 입점에 제일 신경 쓰는 브랜드가 있습니다. 바로 속칭 '에루샤'로 통하는 3대 명품 브랜드입니다. 에르메스, 루이비통, 샤넬이 입점하지 않은 곳은 명품 백화점이 아니라 아울렛(Outlet)으로 인식하기 때문입니다.

명품도 등급이 있고, 하이엔드 등급인 에르메스, 루이비통, 샤넬이 진정한 희소성을 가진 명품 브랜드라는 인식이 생겨, 백화점은 에루샤 모두를 입점시키기 위해 엄청난 경쟁을 하고 있습니다. 이 세 브랜드는 절대 세일을 하지 않습니다. 아울렛에도 입점하지 않고, 재고가 쌓이면 소각해 브랜드 가치를 유지합니다. 그래서 많은 소비자가 당장 비싸도 지금이 제일 싸다는 생각으로 구매합니다.

명품 주식은 모두 유럽에 있네

명품 주식 중 가장 큰 시가총액을 가진 기업은 프랑스 시가총액 1위 LVMH입니다. 이 기업 오너는 전 세계 최고 부자이고, 기업 가치

216

는 532조 원에 이릅니다. 프랑스에 상장된 LVMH는 루이비통 외에 의류, 시계, 귀금속, 화장품, 유통까지 보유한 탄탄한 지주회사입니다. 끊임없는 인수합병으로 보유 브랜드를 늘리는 이 기업은, 경제가 어려울수록 가격을 올려, 희소가치를 높이는 방식으로 기업 가치를 지키고 있습니다.

에르메스는 울트라 하이엔드 브랜드로 독일과 프랑스에 상장돼 있지만, 프랑스에 거래 수량이 좀 더 많습니다. 에르메스는 한정된 수량만 장인이 생산하는 방식으로 제품 희소성에 좀 더 가치를 두고 있는 기업입니다. LVMH와 자주 비교되지만, 주가 상승률은 에르메스가 월등히 높습니다.

3대장의 마지막 브랜드 샤넬은 비상장기업으로, 고고 샤넬과 함께 창업한 베르트하이머 가문 소유입니다. 비상장기업이라 샤넬 주식은 매수할 수 없습니다. 그 외 구찌로 대표되는 기업 케링은 프랑스 파리 거래소에 상장되어 있습니다.

명품 주식 매출 중에 아시아가 차지하는 비율이 약 30% 정도 된다고 합니다. 중국을 비롯한 아시아의 명품 사랑이 대단해, 명품 주식의 호실적과 주가 상승에 큰 기여를 합니다. 중국의 경기침체나 정부의 규제 등이 LVMH와 에르메스 주가에 나쁜 영향을 미치기도 합니다.

하이엔드 명품 기업으로 대표되는 LVMH와 에르메스는 1주당 가격이 상당히 비쌉니다. 에르메스는 300만 원에 육박해, 아무리 배당금을 준다고 해도 소액 투자자가 접근하기 어려운 종목입니다. 이럴 때 소액 투자자도 명품 주식을 살 수 있는 다른 기회가 있다면 어떨까요? 바로 럭셔리 지수를 추종하는 ETF에 투자하면 소액으로도 명품 기업에 투자할 수 있으니, 관련 ETF와 펀드를 적절히 활용하는 것이 좋습니다.

명품 옷 말고 명품 주식 사주기 포인트!

- 1단계 : 대부분의 명품 주식은 유럽에 상장돼 있다.

- 2단계 : 상장된 명품 주식 중 브랜드 순위 매겨보기.

- 3단계 : 하이엔드 브랜드 중 상장된 기업 선별하기.

- 4단계 : 명품 기업의 높은 아시아 의존도와 향후 방향성 생각해 보기.

- 5단계 : 개별 주식 외 럭셔리 지수에 투자하는 ETF도 알아보기.

2

아이를 위해 알아야 할
실전 투자 익히기

공모주 투자로 매월 용돈 버는 법

우리나라에 공모주 투자 바람이 분 것은 2021년입니다. 이전까지 공모주는 자금이 많이 필요한 투자로 생각됐습니다. 이게 어느 정도 사실이었던 것이, 청약 증거금을 많이 넣은 만큼 배정되는 주식 수도 많아서, 가능한 많은 돈을 청약해야 의미 있는 수익을 낼 수 있었습니다. 그래서 소액으로 투자를 시작하는 사람은 선뜻 하기 어려운 것이 바로 공모주 투자였습니다.

이 공모주 투자에 소액 투자자도 참여 기회를 얻을 수 있는 제도가 생겼는데, 그게 바로 2021년에 생긴 '균등 배정'입니다. 균등 배정이란 일반투자자 대상 청약에서 계좌 수에 따라 공모주 일부를 균등

하게 나누는 방식입니다. 일반투자자 대상 청약 물량 중 50% 이상을 균등 방식으로 배정하고, 나머지는 기존 청약 증거금 기준의 비례 방식으로 배정하는 것입니다. 그래서 최소증거금만 충족되면 균등 배정에 참여할 수 있게 됐습니다. 적은 금액으로 공모주 배정을 받을 수 있는 기회가 열린 것입니다.

그렇다면 공모주가 무엇이길래, 많은 사람이 투자만 하면 돈을 번다고 입을 모을까요? 공모주는 공모 대상 주식을 뜻합니다. 기업이 증권 시장에 상장하기 위해 기업공개(IPO)를 진행하는 과정에서 일반인 투자자 대상으로 주식을 매각하는 것입니다. 보통 기업공개 시에는 우리사주조합, 기관 투자자, 일반 투자자 등으로 나눠 청약을 하는데, 일반 투자자가 기업공개에 참여하는 이유는 공모주로 배정받은 주식은 보통 시장 가격보다 30% 정도 싸게 매수할 수 있는 권리를 받는 것이라 차후 매도로 차익을 얻을 수 있기 때문입니다.

지금 당장 공모주 투자를 시작해야 하는 이유

- 소액으로 시작할 수 있다.

- 최소 증거금으로 청약할 수 있는 균등 배정 기회가
  생겼다.

- 공모가액이 상장되는 보통주보다 대부분 저렴해,
  주식을 싸게 매수하는 셈이다.

- 상장 시 공모가의 400%까지 가격변동폭이 확대돼
  단기간에 높은 시세차익을 얻을 수 있다.

가족 수가 많다면, 균등 배정 기회가 더 생기는 셈이라 아이 명의 계좌로 청약하는 엄마들이 많아지고 있습니다. 예를 들어 자녀가 3명 있는 집은 부모까지 5명이 청약을 할 수 있습니다. 자녀 1명 있는 집보다 두 번의 공모주 배정 기회가 더 있는 셈이니 투자 수익도 더 높습니다.

공모주 청약을 하기 위해선 각 주관사(증권사) 계좌를 만들어야 합니다. 조금 귀찮은 일이지만, 이를 감내하면 공모주 청약으로 꾸준히 수익을 내 안정적인 현금 흐름을 만들 수 있습니다. 공모주 청약 정보가 필요한 분은 카카오페이에서 정기적으로 공모주 청약, 상장 정보 등을 카카오톡으로 보내주니, 구독하는 것도 좋은 방법입니다.

그렇다면 공모주 투자는 무조건 수익만 줄까요? 당연히 그렇지 않습니다. 공모주 투자도 원금 손실 위험이 있습니다. 잃지 않는 공모주 투자를 하려면 어떻게 해야 할까요?

바로 그 기업이 좋은 기업인지, 객관적인 지표에 의해 판단돼 적정 가격에 공모하는지를 살펴보고 청약하는 것입니다. 기관 수요예측, 의무보유확약비율 등이 높게 나오면, 어떤 기업인지 제대로 살펴보지 않고 청약하는 경우가 많습니다. 하지만 기관 수요예측은 허수에 의한 청약 발생 위험이 있어, 최근 이를 방지하려는 금융감독원의 제재가 있었습니다. 단순히 높은 경쟁률만 갖고 상장일에 차익을 볼 수 있다고 단정할 수 없습니다.

기관 경쟁률과 의무보유확약비율이 높은 공모주가 상장 시 수익률이 높은 편이지만, 근본적으로 그 기업이 만드는 제품의 경쟁력과 증권보고서에서 비교 지표로 제시하는 유사 기업과의 시장점유율 차이 등을 파악하게는 게 중요합니다. 제일 중요한 것은 꾸준히 좋은 실적을 내는지, 부채가 많아 자본잠식 가능성은 없는지, 이번 기업공개로 구주 매출을 하려는 것은 아닌지 등도 체크해야 합니다.

시장이 활성화되고 좋은 기업을 보는 눈만 기른다면, 공모주 투자는 소액 투자자에게 적은 투자금으로 꾸준한 수익을 낼 수 있는 좋은 방법입니다. 잃지 않는 소소한 용돈벌이가 가능하니 주식 공부를 하기 좋은 연습처입니다. 아이 계좌에서 최소 증거금으로 최소 청약만 해도 충분히 아이 용돈을 줄 수 있고, 매월 모아 그 수익으로 새로운 주식도 살 수 있으니 이보다 좋은 공부가 또 있을까요?

공모주 투자할 때 체크하세요! ⑤⑤

• **구주 매출** : 대주주 등 기존 주주가 이미 보유하고 있는 주식 지분 중 일부를 일반인들에게 공개적으로 파는 것. 구주 매출이 많을수록 주가에 악영향. 신주 매출이 많은 것이 더 좋다.

• **오버행** : 시장에 풀릴 수 있는 잠재적인 대량 매도 물량. 오버행 이슈가 있으면 주가에 나쁜 영향을 준다.

• **환매청구권** : 일반 투자자가 공모주 청약으로 배정받은 주식이 상장 후 일정 기간 공모가의 90% 이하로 하락하면, 상장 주관사에 공모가의 90% 가격으로 되팔수 있는 권리. 공모주 흥행을 위해 증권사에서 자발적으로 제시.

꼬박꼬박 나오는 월세 같은 배당금 투자

배당금이란 기업이 이익을 누적한 이익잉여금의 일부를 주주에게 분배하는 것을 말합니다. 보통 현금으로 배당하며, 회사마다 지급 시기는 다릅니다. 보통 연 1회, 연 2회(반기), 연 4회(분기)로 진행합니다. 이렇게 주주에게 환원하는 이익잉여금은 개별 주식을 보유했다면 배당금, ETF 같은 상품은 분배금이라고 표현하며, 배당소득세 15.4%를 원천 징수한 후 받게 됩니다.

이왕이면 배당금도 받으면서, 이 배당금을 재투자하면 복리 효과까지 얻을 수 있어 무조건 배당금이 높은 주식을 선호하는 분도 많은데, 이것도 주의해야 합니다. 내가 보유하고 있는 주식에서 정기적으로 현금을 주면 너무 좋지만, 리스크도 무시할 수 없습니다.

결국 배당주 투자를 하는 이유는 투자 안전성과 추가적인 현금 수익, 복리 효과, 이 3가지를 얻기 위해서입니다. 이를 위해 꼭 체크해야 할 것들이 있습니다. 배당주 투자 전략은 크게 2가지입니다.

먼저 배당주 주가 상승 시기를 고려해 매매로 시세차익을 노리는 것입니다. 이 방법은 주로 배당기준일인 배당락 직후 주가가 하락했을 때 매수하고, 배당에 대한 기대로 주가가 상승할 때 매도해 시세차익을 얻는 것입니다.

이 방법은 실질적으로 배당을 받는 것은 아니라 15.4%의 배당소득세를 아낄 수 있고, 대주주가 아닌 이상 시세차익에 대한 양도소득세도 없어 절세할 수 있습니다. 다만, 매수, 매도 시기를 잘못 파악하면 원금 손해 가능성도 있어 유의해야 합니다.

다음은 직접 고배당주에 투자해 배당 수익을 노리는 전략입니다. 고배당주는 보유만 해도 안정적인 배당 수익을 기대할 수 있습니다. 하지만 배당소득세를 납부해야 하고, 만약 배당락 등으로 주가가 하락한다면 오히려 손해를 볼 수도 있습니다. 또, 배당률 및 배당 성향만 높고 실적이 나쁜 주식은 시세 하락 가능성이 있어, 장기적으로는 주가가 하락할 수도 있습니다.

베트남개발1 096300 코스피 2021.11.30 기준(장마감) 실시간

160
전일대비▲2 +1.27%

| 전일 158 | 고가 167 (상한가 205) | 거래량 5,530,265 |
| 시가 157 | 저가 156 (하한가 111) | 거래대금 882 백만 |

선차트 1일 1주일 3개월 1년 3년 5년 10년   봉차트 일봉 주봉 월봉

최고 285 (10/25)

최저 142 (05/28)

거래량

2018/11   2020/01   2021/01

한때 고배당주로 유명했지만 상장폐지된 베트남개발1 주가 차트

(출처 : 네이버페이증권)

한때 고배당주로 이름을 날린 베트남개발1은 뮤추얼펀드 투자 상품이었습니다. 뮤추얼펀드란 주식회사 방식으로 운영되는 펀드로, 투자자에게 투자금을 받아서 사업을 하고, 이에 따른 수익을 나눠주는 것입니다. 이 상품은 베트남 부동산에 직접 투자하는 것으로, 전체 사업 수익이 미미해 운영된 14년 동안 그다지 높은 배당을 준 것도 아니었습니다.

하지만 2021년에 보유 부동산 자산을 매각하면서 발생된 수익을 분배금으로 주면서 상장된 기업 중 가장 높은 배당수익률(32.9%)을 기록했습니다. 히스토리를 잘 모르는 많은 일반 투자자가 이때 투자해 배당주의 함정에 걸렸습니다. 결론적으로 이 펀드는 지속적으로 자산을 현금화해 높은 분배금을 주는 대신 펀드 자체의 투자를 하지 않아, 추가 수익을 기대할 수 없어 주식 가치는 떨어졌습니다. 많은 투자자가 높은 배당수익에 눈이 멀어 투자한 원금의 가치가 떨어지는 것을 간과했습니다.

심지어 이 펀드는 보증 기간이 정해져 있어, 보증 기간이 끝나면 종료 절차를 밟아야 했습니다. 사업 청산 당시 펀드가 보유한 현금을 상장 주식수로 나눠서 청산 가치를 매겼는데, 고작 주당 73원밖에 되시 않았습니다. 결국 이런 맥락을 모르고 들어간 투자자는 고스란히 원금 손실을 입었습니다.

배당주에 투자할 때는 사업의 수익성을 간과하고 단순히 높은 배당을 주는 종목만 찾으면 함정에 빠질 수 있습니다. 기업의 매출액, 영업이익, 당기순이익, 배당 성향, 배당률, 배당금 최근 3년 추이 등이 꾸준히 상승하고 있는지 체크하는 게 무엇보다 중요합니다.

괜찮은 고배당주 찾는 방법

- 매년 배당금을 늘려가는지, 연간 추이를 살펴본다. (대부분 3년)

- 실적 및 영업이익이 꾸준히 증가하는 기업인지 확인한다.

- 전통적으로 배당 성향이 강한 금융주와 리츠를 눈여겨 본다.

- 우선주가 보통주보다 배당금을 더 주니 가격이 같으면 우선주를 고려한다.

- 월배당 포트폴리오 구성으로 장기투자로 가져가는 것도 좋다.

우리나라도 이제 MZ세대를 중심으로 꾸준한 현금 흐름을 만드는 포트폴리오 만들기에 대한 관심이 커지고 있습니다. 무작정 현금배당이 높은 주식을 고르는 것보다, 주가가 상승하며 배당까지 받을 수 있는 괜찮은 고배당주를 중심으로 장기투자를 한다면 꾸준한 현금 흐름을 나오는 든든한 파이프라인을 만들 수 있습니다.

우리 아이 계좌는 10~20년을 가져가는 장기투자이니, 배당금까지 고려한 포트폴리오를 구성하는 것도 좋습니다.

천 원으로 100만 원짜리 주식 사보기

제가 처음으로 보유한 주식은 구글 0.01주였습니다. 당시만 해도 짠테크와 블로그 부업에만 관심 있었지, 주식 투자를 하면 모은 돈을 손해 본다고 생각해, 코로나19 폭락장에도 주식을 산다는 것은 꿈도 꾸지 못했습니다.

당시 친한 친구에게 "삼성전자가 4만 원대까지 떨어졌다는데 좀 사둘까?"라고 물으니, 친구가 "우리 같은 사람이 주식 산다고 할 때가 끝물이야."라며 저를 만류했습니다. 삼성전자는 우리나라에서 가장 큰 기업이니 망할 것 같지 않아서 사겠다고 생각했는데, 지금 생각해 보면 참 바보 같은 생각이었습니다. 삼성전자를 산다는 게 바보 같다는 게 아니라, 아무것도 모르고 그저 우리나라에서 가장 큰 기업이라는 이유만으로 투자 종목을 선정한다는 것이 어리석다는 뜻입니다.

이런저런 생각이 많을 때, 하필 이사를 앞두고 있어 큰돈은 없고, 내가 잃어도 아깝지 않을 정도의 투자금을 생각해 보니 딱 100만 원 정도였습니다. 그래서 100만 원으로 내가 어떻게 투자를 할 수 있을까 고민하다 소수점 투자를 알게 됐습니다. 지금도 그렇지만 유명한 미국 IT회사는 모두 1주당 몇 백만 원이나 하는 고가라, 1주를 사는 것도 어렵습니다.

이런 고가 주식을 1천 원부터 살 수 있다니 재테크 초보에게는 신세계였고, 너무 신나고 재미있는 경험이었습니다. 글로벌 1등 기업 주식을 조금이라노 보유할 수 있다니, 그것만으로도 가슴이 벅차는 느낌이었습니다.

그래서 소수점 투자로 80만 원을 투자했고, 약 20%인 16만 원의 수익을 본 후 본격적으로 주식에 입문했습니다. 부담 없이 시작할 수 있는 소수점 투자가 아니었다면, 사실 주식 투자는 엄두도 내지 못했을 겁니다.

지금도 저와 함께 투자 공부를 하는 분들, 특히 주부, 아이 계좌를 운영하는 초보 엄마들에게 소수점 투자로 시작하는 것을 권유하기도 합니다. 부자가 되고 싶은 마음은 있지만, 적금만으로는 부족하다고 생각할 때, 부담 없이 가볍게 시작할 수 있기 때문입니다. 일단 손해봐도 된다는 마음으로 소액으로 시작하면 내 계좌에 파란불이 떠도 여유 있게 기다릴 수 있을 겁니다.

원래 소수점 투자는 신한투자증권에서만 가능했지만, 지금은 전 증권사로 확대됐습니다. ETF를 비롯해 해외주식을 천 원부터 소수점으로 매수할 수 있어 진입장벽이 높은 대형주도 넘볼 수 있습니다. 천 원을 매수해도 배당금을 주는 종목이라면, 배당금도 보유 지분만큼 받을 수 있습니다.

단, 실시간 거래가 아니라 사전 주문 취합 후 해외주식시장 개장 시간에 주문이 체결되는 방식이라, 내가 원하는 가격에 사지 못할 수 있다는 점은 기억해야 합니다.

저도 심심풀이로 생각날 때마다 자투리돈을 투자하고 있는데, 가끔 수익을 확인하면 깜짝 놀랍니다. 투자 금액이 얼마 안 돼 실제 수익은 적지만, 수익률이 33%나 돼 '자투리 돈을 모두 소수점 투자에 넣을 걸'하는 후회도 했습니다.

증권사에 따라 자동투자를 설정할 수 있으니 따로 신경 안 쓰고 적립식 투자를 하고 싶다면, 매월 정액으로 보유를 늘려보는 건 어떨까요?

소수점 투자 언제 하면 좋을까?

- 투자금이 적을 때
- 용돈으로 매월 적립식 투자를 하고 싶을 때
- 비싼 대형주 지분을 보유하고 싶을 때

제인쌤은 어떻게 소수점 투자를 이용할까?

- 아이가 사고 싶은 주식 리스트를 쭉 적어본다.

- 엄마, 아빠도 각자 자신만의 주식 리스트를 적어본다.

- 크지 않은 금액으로 매월 자동투자를 설정한다.

- 3개월 마다 계좌를 공개하고 1등에게 포상한다.

- 1월 천 원, 2월 2천 원, 3월 3천 원…. 12월 1만 2천 원으로 투자금을 증액하고 서로 비교해본다.

종합선물세트를 원하면 ETF

소액 투자를 이야기하는 김에 적은 금액으로 고효율을 얻을 수 있는 ETF도 다루겠습니다. 최근 ETF 운용사별 순자산가치총액 및 시장점유율이 눈에 띄게 늘고 있습니다. ETF는 무엇이고, 왜 대세가 됐을까요?

ETF(Exchange Traded Fund)는 특정 주가 지수를 추종해 수익률이 결정되는 펀드로, 주식처럼 거래 가능한 것이 특징입니다. 펀드지만 주식처럼 상장돼 있어 사고 파는 것이 간편하고, 펀드 대비 운용보수가 저렴하며, 증권거래세가 적용되지 않습니다. 대세가 된 이유는 최소한의 금액으로 분산투자가 가능해 안정성을 추구하는 투자자가 선호하는 상품이기 때문입니다. 리스크 관리 차원에서 꼭 포트폴리오에 넣는 종목이고, 배당금으로 추가 수익을 얻을 수 있어 인기가 높습니다.

이러한 장점 외에도 수익률이 개별주 못지 않게 높은 편이고, 자연스러운 분산투자로 평균적인 수익률을 기대할 수 있어 초보 소액 투자자가 선호하고 있습니다.

ETF 종목명 설명

ETF를 사려면 보면 상품명이 길고 어려워 이해가 안 됩니다. 이런 분을 위해 ETF 종목명 읽는 법을 알려드리겠습니다. 위 그림에서 첫 번째 네모는 바로 자산운용사입니다. 개별 자산운용사가 자신들이

내놓은 상품에 붙인 이름인데, 운용사별 상품명은 아래와 같습니다.

- TIGER : 미래에셋자산운용

- KODEX : 삼성자산운용

- ARIRANG : 한화자산운용

- HANARO : 엔에이치아문디자산운용

- RISE : 케이비자산운용

- SOL : 신한자산운용

- 마이티 : 디비자산운용

- HK : 흥국자산운용

- ACE : 한국투자신탁

- KOSEF : 키움투자자산운용

운용사별 ETF 상품명

거래량이 비교적 많은 TIGER, KODEX, ACE와 최근 브랜드명을 KBSTAR에서 RISE로 바꾼 케이비자산운용을 기억하면 좋습니다.

두 번째 박스는 해당 ETF를 구성하는 내용(주제, 섹터 등)입니다. ETF는 지수를 추종하는 지수형이 많지만 주제, 테마, 섹터를 대표하기도 합니다. 채권, 통화, 원자재 같은 특정 주제를 나타내기도 해서, 자신이 관심 있는 분야에 투자하고 싶을 때 ETF를 찾기도 합니다.

ETF 종류	내용
지수형	코스피200, 코스닥150 등 국내 대표지수 추종
업종/섹터지수형	반도체, 자동차, 2차전지 등 업종 및 업종지수 추종
테마지수형	삼성그룹주, 고배당주, 한류주, 메타버스주 등 테마 추종
해외지수형	미국, 중국, 일본 등 주요국 대표지수 추종
채권형	국채, 회사채, 미국 국채 등 채권 추종
통화형	원화, 달러화 등 주요국 통화 추종
상품형	원유, 금, 은, 구리 등 상품 자산 추종

ETF 종류 및 내용 분류표

최근 해외주식형 ETF를 연금 계좌로 운영하는 사람이 많아지면서, 상품 선택에 대한 관심이 높아지고 있습니다. 앞서 얘기한 신흥국 지수 분야가 수익률이 상승하면서 직접적인 개별주 투자보다 부담이 적은 지수 ETF 투자를 선호하는 것을 확인할 수 있습니다.

ETF에서 중요한 것은 거래량과 거래금액인데, 거래량과 거래금액이 많아야 원하는 시기에 매수, 매도할 수 있습니다. 또, ETF는 운용 보수가 발생해 기왕이면 보수가 저렴하면서 거래량 많은 상품을 찾는 것이 좋습니다.

투자하려는 섹터, 지수의 편입 자산과 비중 확인도 중요합니다. 2차전지 소부장 ETF에 투자했는데, 실제 편입 자산은 소재, 부품, 장비 관련 주식 비중이 낮고, 2차전지 대장주로만 구성됐다면 매수 목적과 다릅니다. 그러니 꼭 편입 자산 종류와 비중을 확인해야 합니다.

ETF에 투자할 때 발생하는 것이 괴리율입니다. 괴리율은 시장가격과 ETF 순자산 가치(NAV, Net Asset Value) 차이를 의미합니다. 보통 괴리율이 높은 상품은 피하는 것이 좋습니다. 지수에 더 충실히 추종할수록 안정적인 상품이며, 1% 이내가 적정 수준입니다. 괴리율 확인은 증권사앱, 네이버페이증권의 ETF 분석에서 할 수 있습니다.

좋은 ETF 고르는 팁

- 운용자산 규모가 클수록 좋다 → 안정적 투자 가능

- 거래량이 많을수록 좋다 → 내가 원하는 시점에 거래 체결

- 수수료가 낮을수록 좋다 → 장기투자 적합

- 괴리율이 낮을수록 좋다 → 지수를 더 충실히 추종

- 합성이 아닌 것이 좋다 → 합성으로 인한 신용 리크스, 수수료 증가 방지

- 상장일이 빠를수록 좋다 → 충분한 백테스팅 데이터 확보

- 테마형 ETF 투자 시에는 종목을 반드시 확인한다.

제인쌤이라면 어떻게 활용할까?

ETF는 종합선물세트입니다. 비싸서 사지 못한 종목을 주식처럼 거래 가능하게 펀드로 묶어서 파는 것입니다. 소수점 투자는 내가 직접 소수점 지분을 갖는 것이지만, 그만큼 수수료가 비쌉니다.

ETF 매수는 아이가 원하는 비싼 개별주 종목을 테마, 섹터별로 선별해 가장 원하는 종목의 비중이 높은 상품을 담으면 됩니다. 해외에 상장된 ETF를 보유하는 것보다 동일한 테마로 국내에 상장된 해외주식형 ETF를 사면 차익 발생 시 15.4%의 배당소득세만 내면 돼, 22%의 양도소득세를 내는 해외 ETF보다 저렴합니다.

아이 앞으로 연금 계좌를 만들어서 운용한다면 ETF는 필수입니다. 장기투자에 적합한 종합선물세트는 꼭 넣어두는 걸 추천합니다.

"우리 제준이가 제일 투자하고 싶은 회사 10개만 골라볼까?"라며 함께 기업을 선정하고, 해당 기업이 편입된 ETF를 찾는 것은 엄마, 아빠의 몫입니다. 이 과정에서 아이와 공부하는 재미도 느껴보세요.

Part 5

금수저 엄마가 되기 위한

스터디 플랜

1

엄마도 재미있게
시작하는 경제 공부

초보에게 추천하는 영화로 하는 주식 공부

주식은 어려운 용어와 복잡한 차트로 심리적 부담을 느끼게 합니다. 그래서 초보자가 투자를 마음먹기까지 시간이 걸립니다. 시작은 가볍게 할 수 있지만, 제대로 된 투자를 하기엔 진입장벽이 높습니다. 저도 매일 글을 쓰는 5년 차 경제 인플루언서이지만, 아직도 주식 투자가 어렵기는 마찬가지입니다. 아무 기초도 없던 시절 책도 사서 읽고, 유튜브도 보면서 고수들을 따라하려고 했습니다. 저에게 가장 어려웠던 건 세계 경제 흐름을 읽는 것이었습니다.

재테크에 관심 없던 시기에 일어났던 굵직한 세계 경제 이슈를 이해하려고 하니 너무 어려웠습니다. 그러다 제가 운영하는 스터디방에서 경제를 다룬 영화 이야기가 나오면서, 영화로 경제 공부를 해보자는 생각을 하게 됐습니다.

영화만 봐도 어려운 경제를 이해하는데 도움이 될까요? 흔히 영화를 각색된 창작물이라고 생각해 팩트로 받아들이려 하지 않습니다. 고증보다 해석의 문제라고 생각합니다. 하지만 영화가 세계 경제 흐름을 바꾼 굵직한 이슈를 이야기할 때는 해당 이슈 안에서 발생하는 주인공 에피소드에 초점을 맞춥니다. 그래서 영화 안에서 자연스럽게 나오는 돈, 투자, 주식 등의 이야기를 상식처럼 자연스럽게 습득할 수 있습니다.

제가 소개할 영화는 초보자가 이해하기 쉽게 경제 이야기를 다루고 있으니, 가볍게 보면서 경제 공부에 참고하면 도움이 됩니다.

마진콜(2013년작)

2007년에 발생한 세계 금융위기(리만브라더스 사태)에 초점을 맞춰 위기에 대응하는 월가 직원들의 이야기로, 흡입력 있는 연출이 인상깊습니다.

영화는 증권사에서 해고당한 직원이 자신이 분석한 금융상품 자료를 인수인계하면서 시작됩니다. 자료를 넘겨 받은 직원은 부동산 버블로 부실해진 부동산 담보증권(MBS)과 MBS 기반 파생상품이 곧 시장에서 자신들을 파산시킬 정도로 위험하다는 것을 알게 됩니다. 이 사태를 피하기 위해 시장에 불량 증권을 선제적으로 매각하자는 결정을 하고, 이 결정이 미국 서브프라임 모기지 사태의 신호탄이 됐습니다.

리만브라더스 사태는 단순한 금융사 파산이 아닌 미국의 부동산 버블이 붕괴되는 중대한 사건이었습니다. 마진콜은 이런 사태를 예측하고, 대처하기 위한 24시간의 행적을 다룹니다. 인간의 고뇌와 다른 사람을 벼랑 끝으로 내모는 갈등을 보여줍니다.

빅쇼트(2016년작)

마진콜이 진지하게 리만브라더스 사태를 풀어냈다면, 빅쇼트는 좀 더 가볍게 볼 수 있습니다. 주인공인 헤지펀드 매니저 마이클 버리가 부동산 버블 위험을 감지하고, 이를 신용 디폴트 스왑이라는 새로운 금융상품으로 베팅해 거대한 수익을 얻는다는 내용입니다.

"하이 리스크, 하이 리턴"

한창 부동산 시장이 상승세인 시절에 하락장에 베팅한다는 생각을 누가 할 수 있을까요? 이 작품은 미국의 부동산 버블 시기 모기지론의 허점을 파고들어 금융위기를 예측하고 베팅하는 헤지펀드 매니저들의 이야기를 그렸습니다. 주택시장은 붕괴되고 은행은 세금으로 구제받지만, 시민들은 대출로 인해 집도, 직장도 잃습니다. 늘 피해를 보는 것은 일반 시민이라는 점이 씁쓸합니다.

이 작품이 주식 공부를 하기 좋은 이유는 주식 시장에서 쓰이는 다소 어려운 용어와 개념이 등장하지만 이를 충분히 이해할 수 있을 정노도 설명이 친절하기 때문입니다. 현재 시장에서 활용되는 개념들도 있어 자연스럽게 투자 공부가 됩니다.

덤머니(2024년작)

'덤머니'는 전문성 낮은 개인 투자자 돈을 뜻하는 월가 용어입니다. 이 영화는 개미들이 공매도 세력을 저격하며 게임스탑 주가를 폭등시킨 실화가 바탕입니다. 2021년 1월 미국의 커뮤니티 레딧을 중심으로 개미들이 대형 헤지펀드 공매도를 저격하면서 게임스탑 주식을 매수하고 주가를 폭등시켜 헤지펀드에게 손해를 입힌 사건입니다.

공매도는 주식을 먼저 빌려서 팔고, 나중에 주가가 떨어지면 싸게 사서 되갚아 이익을 남기는 방식입니다. 공매도가 개인에게 불리한 기울어진 운동장이라고 불리는 이유는 개인보다 기관 및 외국인 투자자가 이용하기 더 쉽기 때문입니다. 특히 우리나라 공매도는 세력의 자금력도 크고, 신용도가 높아 주식을 빌리고 갚는 기간이 더 길고 연장이 가능해 개인에게 더 불리합니다.

게임스탑 사태는 이런 공매도의 불리함 속에서 개인들이 단합해 주식을 매도하지 않고 계속 보유, 추가 매집하면서 주가를 끌어올린 사건입니다. 결국 빌린 주식을 갚아야 하는 헤지펀드 세력들은 비싼 값에 주식을 사며, 막대한 손해를 입었습니다. 이 사건으로 밈주식이 유행하기도 했습니다.

2021년에 일어난 사건이라 저도 그 상황을 기억합니다. 이때 우리나라 투자자도 함께 참여하면서 대박과 쪽박을 인증한 사람이 꽤 있었습니다. 우리나라 공매도와는 차이가 좀 있지만, 개인이 월가 세력에 대항해 집결한 최초의 사건이니, 주식 투자를 시작한 분이 본다면 공감하면서 재미있게 볼 수 있습니다.

국가부도의 날(2016년작)

국가부도의 날은 우리나라에서 IMF 사태가 왜 일어났고, 어떤 과정으로 진행됐는지를 자세히 보여주는 영화입니다. 국난 과정에서 이윤을 추구하는 이들의 이야기도 나오면서, 인간의 양면을 볼 수 있는 작품입니다.

저는 IMF를 직접 겪은 세대로, 실제 금 모으기 운동에 할머니가 목걸이를 내놓으신 것이 기억이 납니다. 어릴 적 이야기라 한참 집중해서 보는데, 제 생각을 바꿔 준 부분도 있었습니다.

저는 갑작스러운 부의 축적으로 나라에 돈이 넘쳐 국민이 사치와 향락을 일삼아 IMF가 일어났다고 알고 있었습니다. 하지만 실상은 말도 안 되는 기업의 신용 대출, 외화 방어를 하지 않은 정부, 태국의 환율 조정으로 인한 나비효과 등 다양한 원인이 더해진 것이었습니다.

이 작품은 IMF에 구제금융을 요청하기 직전과 직후 이야기를 다룹니다. 누구는 IMF 사태로 파생될 후폭풍을 걱정하고, 다른 사람은 달러에 베팅하고 돈을 끌어 모아 부동산을 사서 더 큰 부자가 됩니다. 정치권은 국민보다 기업을 살리면서 국민 고통은 나 몰라라 합니다.

영화를 다 보고 나서 씁쓸함을 느낀 건 내가 알고 있던 것은 일부이고, 사실은 대다수 사람이 IMF 사태의 내막을 모르고 있다는 생각이 들었기 때문입니다. 이런 점에서 국가부도의 날은 앞으로도 반복될 수 있는 한국 경제의 고질적 문제에 대해 생각해볼 수 있는 작품입니다.

때로는 아날로그, 신문으로 보는 경제

우리 주변에는 경제 공부에 활용할 수 있는 다양한 매체가 있습니다. 그만큼 새테크에 내한 국민적 관심이 높습니다. 하지만 나에게 딱 맞은 방법을 찾기는 쉽지 않습니다. 저도 꾸준히 나에게 맞는 매체를 찾기 위해 다양한 시도를 해보고 있습니다. 그 일환으로 얼마 전부터 신문을 구독하고 있습니다.

저는 어린 아이를 키우고 있는 주부이자 블로그에 경제 글을 연재하는 작가로서, 시간을 아끼고 많은 사람이 관심 가질만한 소재를 찾으려고 노력합니다. 목적에 맞는 글을 쓰는 것은 늘 어렵기 때문입니다. 그래서 틈 날 때마다 글 소재를 찾기 위해 검색을 하는데, 정보가 너무 많아 오히려 제대로 된 정보를 가려내기 어려웠습니다.

신문으로 정보를 찾는 방식은 조금은 더디지만, 오히려 확실한 각인 효과가 있습니다. 저만의 신문 공부 루틴을 소개하겠습니다.

시간이 없을 땐 헤드라인만 봐라

저는 워킹맘이라 늘 시간 여유가 없습니다. 모든 기사를 보려면 하루가 꼬박 필요한데, 그럴 형편이 아닙니다. 그래서 저만의 루틴을 만들었는데, 아이 어린이집 등원시키고 신문을 펼쳐놓고 헤드라인만 쭉 훑어봅니다. 신문 기사 제목만 봐도 현재 가장 중요한 일이 무엇인지, 분위기와 흐름을 알 수 있어 바쁠 때는 이렇게만 해도 경제 흐름을 놓치지 않을 수 있습니다.

공통 키워드를 찾아라

저는 눈으로만 경제뉴스를 보지 않습니다. 일단 헤드라인을 쭉 훑

어본 다음, 펜을 들고 공통적으로 언급되는 키워드를 표시합니다. 보통 신문 패턴을 보면 1면에 그날의 가장 중요한 기사를 내고, 관련 기사는 2~3면에 실습니다. 그러니 1면과 2~3면에 실린 공통 키워드만 봐도, 어떤 뉴스를 주의 깊게 봐야 하는지 알 수 있습니다.

예를 들어 미국 대선 기사가 1면에 있다면 '미국 대통령 선거', '트럼프', '해리스'가 주요 키워드이고, 세부 공약과 관련주, 우리나라에 미치는 영향 등이 보도됩니다. 이때 자주 언급되는 키워드를 박스 표시하고, 흐름을 추적하면 정제계 상관관계를 그려볼 수 있습니다.

문맥에서 유추되는 대체 단어를 찾아라

이 방법은 꼭 추천합니다. 헤드라인을 읽고 공통 키워드를 찾았으면, 다음으로 문맥에서 보이는 대체 단어를 적습니다. 이러면 증시에서 어떤 테마가 수혜를 입는지 알 수 있습니다.

예를 들어 '전기차 보조금 폐지'라는 문구를 보면, 이 문구가 어디에서 왔는지 유추할 수 있습니다. 이는 정치적 공약에 따라 이제껏 각광받았던 친환경 산업이 제약받을 수 있다는 것을 뜻합니다.

지면 전체에서 차지하는 비중을 보라

신문을 넓게 펼쳐 전체를 보면, 지면에서 차지하는 기사 비중으로 중요도를 파악할 수 있습니다.

경제 뉴스에서 지면 차지 비중이 클수록, 관련 내용이 내일도 나올 가능성이 크고, 앞으로 우리가 다뤄야 할 주요 트렌드로 볼 수 있습니다.

저는 아이와 함께 신문을 보면서 놀이도 하고 사진이나 자료를 설명해주기도 합니다. 요즘에는 어린이 경제 신문이 나와 아이와 경제에 대해 이야기하는 것이 수월해졌습니다. 아날로그 방식은 편리함은 떨어질 수 있지만, 정보를 받아들이는 방법을 나에게 맞춘다면, 오히려 머릿속에 깊게 각인되는 효과가 있으니 신문 읽기도 한번쯤 도전해보면 어떨까요?

재테크 상담으로 본 엄마의 경제 공부가 필요한 이유

저는 평소 주변에 "엄마가 꼭 경제 공부를 해야 한다."라고 열변을 토합니다. 매일 경세를 공부하고 글을 쓸수록, 부모가 알아야 아이도 부자가 될 수 있다는 사실을 깨닫기 때문입니다. 친구들이 자녀 재테크 상담을 자주 요청하는데, 얼마 전 육아휴직 중인 친구와 나눈 이야기에 여러분이 알아두면 좋을 만한 내용이 있어 다뤄보겠습니다.

친구 아이도 제 아이와 동갑인 4살인데, 제가 자녀 재테크에 대한 책을 쓰는 것을 알고, 저에게 상담을 요청했습니다. 친구는 이미 2천만 원을 아이에게 증여했습니다. 본인 보험 설계사를 통해 2천만 원을 연금저축보험 상품에 맡겼는데, 어떤 상품인지도 잘 모르고 있었습니다. 상담을 정리하면 다음과 같습니다.

> 1. 아이 이름으로 보험사에서 운영하는 연금저축보험에
> 가입했다.
> 2. 증여세 면제 한도인 2천만 원을 통으로 넣었다.
> 3. 어떻게 운영하는지 자신은 잘 모른다.
> 4. 자녀에게 비과세 통장을 물려주는 것으로 설명 들음.

일단 본인이 잘 몰라, 잘 아는 사람에게 맡겼고, '어떻게 운영되는
지는 잘 모르지만, 나중에 비과세로 아이에게 혜택이 갈 테니 좋은
거겠지'라는 생각을 하고 있었습니다. 이 방법이 잘못됐다는 것은 아
닙니다. 전문가에게 맡겼으니 리밸런싱도 경제 상황에 맞게 잘 할 수
있을 겁니다. 제가 말하고 싶은 건 전문가에게 맡겼다고, 엄마가 아무
것도 모르면 안 된다는 것입니다. 이 케이스에서 생각해 봐야 할 점
은 3가지입니다.

연금저축을 보험사에서 가입할 때 알아야 할 점

일단 '내 자산을 맡긴다=수수료가 든다'로 기억해야 합니다. 보험사에 맡기면 일종의 수수료인 초기 사업비용이 발생하는데, 이 부분이 생각보다 커서 장기적으로 운영해야 사업비로 나가는 손실을 막을 수 있습니다. 여기서 복리 효과를 생각하면 됩니다. 초기에 큰 사업비를 떼가면 충분한 복리 효과를 얻을 수 있을까요?

비과세가 무조건 장점인가?

친구가 말한 가장 큰 장점은 비과세 통장을 물려주는 것입니다. 언뜻 혹할 수 있지만, 따지고 보면 대주주를 제외하고 소액 투자자는 사실상 비과세입니다. 금투세가 폐지되는 상황에서 이는 크게 신경 쓸 이슈는 아니라고 봅니다.

10년, 20년 후에 어떻게 바뀔지 모르지만, 현재 비과세 혜택을 늘리고 있는 ISA계좌를 정부가 적극 권장하는 상황에서 굳이 사업비 내가며 비과세 통장을 1개를 더 물려주는 게 의미가 있는지 따져봐야 합니다.

보호자가 운영에 대해 잘 모른다.

장점이자 단점일 수 있습니다. 잘 모르니 편하게 잘 아는 사람에게 맡겨서 대신 운영하게 하는 게 장점일 수 있지만, 이렇게 하는 건 사실 엄마가 경제에 두려움을 갖고 있기 때문입니다. 자녀 증여를 보험사에 맡긴 것이 잘못이라고 말하는 게 아닙니다. 개인 상황에 따라 그럴 수 있고, 충분히 납득할 수 있습니다.

하지만 '아이에게 미리 자산을 증여해 조금이라도 더 불려주고 싶은 마음으로 증여했다면, 최소한 운영을 어떻게 해야 하는지는 알아두는 게 좋지 않을까?'라는 생각을 해봅니다. 경제 공부를 조금 해보면, 자녀 증여를 셀프로 할 수 있고, 안정적으로 운영도 할 수 있습니다.

투자 주체는 부모이자 자녀입니다. 올바르게 공부하고 알아가면 굳이 비용을 내지 않아도 튼튼한 계좌를 만들어줄 수 있습니다.

2

제인의 고수익 실전
재테크 따라하기

포트폴리오를 구성하는 나만의 3가지 원칙

장기전에 대비하자

　아이 계좌를 운영할 때는 장기투자가 기본입니다. 중간에 아이 스스로 결정하는 경우도 생기겠지만, 0세에 증여를 시작했다면, 최소 20년은 부모가 계좌를 보면서 투자 방향을 조언해야 합니다. 그렇다면 장기전을 대비한다는 것은 어떤 것을 의미할까요?

　바로 세금을 계산해야 한다는 뜻입니다. 최소 20년 동안 주식 투자를 하면 이자소득, 배당소득, 양도소득 등으로 발생하는 세금이 생각보다 큽니다. 미래를 위해 투자했는데, 세금으로 큰돈이 나가면 속

상합니다. 그래서 같은 상품이라도 절세 가능한 상품을 선택해야 합니다.

제가 아이 계좌에서 투자하는 미국 S&P500 지수 추종 ETF 상품은 미국이 아닌 국내 증시에 상장된 ETF입니다. 미국 상장 상품은 매도했을 때 내는 세금이 커, 같은 구성으로 운용되는 국내 S&P500 ETF가 절세에 유리합니다.

서학개미들이 포트폴리오에 많이 담았던 미국 나스닥100 지수를 추종하는 Invesco QQQ Trust Series 1 ETF도 국내 ETF 상품으로 대체할 수 있습니다. '나스닥100 지수 추종'이라는 핵심 테마를 가지고 각 운용사마다 상품을 출시했습니다. 대표적으로 미래에셋자산운용의 TIGER미국나스닥100, 한국투자신탁운용의 ACE미국나스닥100, 삼성자산운용의 KODEX미국나스닥100TR이 있습니다. 국내 상품도 운용 수수료 등 간접 비용과 운용 규모, 수익률, 거래량 등을 따져서 담으면 절세에 유리합니다.

ETF 외에 안정성을 고려해 대형주를 담는 경우도 있습니다. 국내 증시는 대주주가 아니라면 양도소득세가 없습니다. 그래서 저도 아이 계좌에서 40%를 삼성전자 우선주로만 담았습니다. 이렇게 장기전에서 세금은 무시할 수 없는 큰 요소이자, 최우선 조건이 될 수 있습니다.

고수익보다 평균 수익을 우선하자

아이 계좌에 종목을 담아두고 빨간불이 들어오나, 파란불이 들어오나, 매일 들여다보지 않나요? 남들이 아이에게 주식으로 증여한다고 해서 따라는 했는데, 수익이 마이너스가 나면 불안하고 죄책감도 들 수 있습니다. '그냥 적금이나 들어줄 걸, 뭐 한다고 주식을 했을까?'하는 후회가 들 수도 있습니다.

하지만 잘 생각해보세요. 이런 사태가 일어난 이유는 투자에 대해 모르지만, 고수익을 바랐기 때문입니다. 오르락내리락하는 차트를 보면서 '타이밍만 잘 맞으면 수익을 낼 수 있겠지?'라고 기대하진 않았나요? 오르는 차트를 보면 내가 늦은 것 같고, 남들만 돈 버는 것 같아 조바심이 납니다.

그러다 뒤늦게 진입하고 주가가 떨어지면 더 큰 손해를 막기 위해 중간에 매도하고, 수익은 마이너스를 기록합니다. 저는 이렇게 생각합니다. 오히려 내 계좌였다면 좀 더 진득하게 기다리지 않았을까? 아이 돈이라고 생각하니 손해가 더 두렵고 견디기 힘든 게 아닐까?

저는 포트폴리오 구성에 고수익이라는 단어를 배제한 지 오래입니다. 차트를 볼 때 고수익 종목, 거래 급상승 종목은 참고만 하고, 장기간 투자 수익률이 높은 종목, 많은 사람이 보유하고 있는 종목, 뉴스에서 오래 언급되는 종목을 우선적으로 담습니다. 저만의 철칙 중 하나가 앞서 얘기한 것처럼 내가 직접 사용하는 제품을 만드는 회사 주식을 매수하는 것입니다.

20년이라는 시간 동안 긴 호흡으로 아이 계좌를 운용하려면, 단기간에 고수익을 얻겠다는 마음은 버리고, 과거 데이터를 기반으로 꾸준히 수익을 내고 있는 종목을 찾는 것이 중요합니다.

주식으로 아이 돈을 크게 불려주겠다는 생각보다, 안전하게 지키면서 꾸준히 은행 이자보다 높은 수익률을 얻겠다는 마인드를 갖는다면, 개별 종목에서 눈길을 거둘 수 있을 것입니다.

리밸런싱을 두려워하지 말자

"나는 장기투자가 목표라 일단 사서 오랫동안 묻어두겠다."라고 말하는 사람이 있습니다. 일단 사서 보유하고 건드리지 않겠다는 말인데, 이건 정말 위험한 생각입니다. 시시각각 글로벌 정세가 변하는 상황에서, 짧게는 10년, 길게는 20년 이상 운용하는 자녀 계좌를 그대로 유지한다는 것은 그만큼 자산을 늘릴 수 있는 기회를 놓치는 일입니다.

장기투자라는 핑계로 보유만 하는 것은 좋은 종목을 보는 훈련을 하지 않겠다는 것과 같습니다. 자녀 재테크에서 가장 중요한 것은 아이가 경제 보는 눈을 기르고, 스스로 기업을 선택할 수 있는 역량을 키워주는 것입니다. 선택을 하기 위한 결정권을 갖기까지 많은 훈련을 해야 하는데, 이 과정에서 부모 도움이 필요합니다. 그래서 리밸런싱을 주기적으로 하는 것은 필수이며, 두려워할 일이 아닙니다.

저는 아직 아이가 어려서 리밸런싱 작업을 남편과 상의해 하고 있습니다. 최근 아이가 태어나자마자 증여했던 삼성전자 주식을 일부 매도했습니다. 세금 혜택을 생각하고 오래 보유할 종목이라고 생각했지만, 성장세가 뚜렷하지 않고, 핵심 사업인 반도체 부분에서 약세를 보여 1년 반 만에 1차 리밸런싱을 완료했습니다. 삼성전자를 매도하고 글로벌 반도체 사이클을 주도하는 미국 기업 주식을 매수했습니다. 절세보다 기업 성장으로 인한 이익이 더 클 것으로 판단했기 때문입니다.

이렇게 세계적인 경제 흐름의 변화나 매수한 기업의 사업성 악화 등의 이슈가 생기기 때문에 짧게는 1년에서 길게는 2~3년 이내에 주기적으로 내가 담은 종목을 점검하고 리밸런싱하는 것을 추천합니다.

어떤 종목을 담고, 얼마나 수익을 냈을까?

저는 고수익보다 최대한 안정적으로 잃지 않는 투자를 하자는 목표 아래 2년이라는 시간 동안 아이 계좌를 운영했습니다. 아이 계좌는 장기적으로 운영하면서 매매를 최소화해 2년의 시간 동안 꾸준히 성장할 수 있는 종목으로 장기간 보유하도록 설계했습니다. 총 2천만 원을 증여였고 현재 총자산은 4,251만 원으로 자산 가치가 약 2,251만 원 상승했습니다.

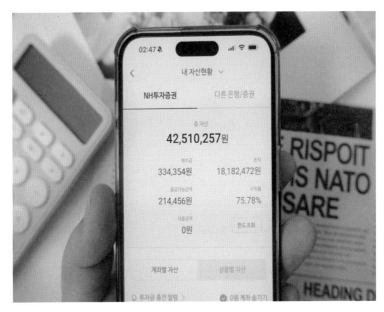

재테크하는제인 자녀 계좌 수익 인증

    단순히 2년 만에 2천 만원을 벌었다는 의미로 계좌를 공개하는 것은 아닙니다. 전문가 수준의 경제 지식이 없어도, 글로벌 경제에 대한 관심을 갖고 자신만의 원칙을 고수하면 적금으로는 불가능한 높은 수익을 얻을 수 있다는 것을 보여주고 싶었습니다.

    앞서 얘기한 3가지 투자 원칙을 중심으로 포트폴리오를 구성했고, 총 2번의 리밸런싱을 했습니다. 그 히스토리를 공개하면서 제가 매매한 이유와 보유 종목 이야기도 함께 해보겠습니다.

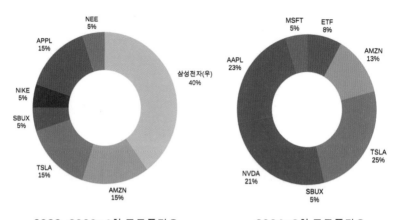

2022~2023 : 1차 포트폴리오   **2024 : 2차 포트폴리오**

제인 포트폴리오 실전 예시

1차 포트폴리오에서는 국내 주식과 해외 주식 비율을 40내 60으로 가져가면서 장기투자에서 제일 중요한 세금에 대비했습니다. 해외 주식 종목은 높은 수익성을 기대할 수 있는 빅테크 주식 45%, 안정적인 배당을 받을 수 있는 경기방어주 15% 비율로 구성했습니다.

NEE는 '넥스트에라 에너지'라는 회사로 좀 생소할 수도 있지만, 미국의 신재생 에너지 산업을 주도하는 기업입니다. 앞으로 저탄소 에너지 정책에서 빛을 볼 수 있으리라 기대하고 담았으나, 미국 대선에서 공화당의 도널드 트럼프 우세가 점쳐지면서 주가가 계속 떨어졌습니다. 신재생 에너지를 지지하고 정책 공약으로 삼았던 민주당이 선거에서 참패할 거라는 예상이 나오면서 주가가 계속 떨어졌습니다.

하지만 주식 시장은 아무도 예측하지 못한다는 것을 증명이라도 하듯이 조 바이든 대통령이 후보를 사퇴하고, 해리슨 후보가 등장하면서 넥스트에라 에너지 주가는 반등에 성공했습니다. 성격 급한 저는 더 이상 하락에 베팅할 수 없다고 생각해서 정리한 뒤였는데, 다행히 손해를 보진 않았지만, 조금 더 기다렸다면 수익을 낼 수 있었던 종목입니다.

나이키는 아직 스포츠 제국의 중심에 있기는 합니다. 글로벌 매출 1위 기업이기도 하고요. 하지만 우리가 생각하는 만큼 혁신적인 제품을 내놓은 지는 꽤 오래 됐습니다. 계속되는 나이키 위기설에 대해 고민했습니다. 저도 아직 아이의 신발, 옷, 가방으로 나이키 제품을 선호하지만, '과연 나이키의 디자인이 예전에 내가 어릴 때 봤던 것과 크게 달라진 점이 있나?'라는 물음에 쉽게 답하지 못하겠다는 생각에 과감히 정리했습니다. 제가 주식을 정리한 후 나이키는 신저가 행진을 이어갔습니다.

첫 번째 리밸런싱은 저에게 새로운 생각의 전환을 가져다줬습니다. '꼭 무릎에서 사지 않고, 허리에서 사도 괜찮다'라는 생각을 하게 됐습니다. 2차 포트폴리오를 구성할 때 증시는 한창 AI에 대한 기대감으로 상승세를 이어가고 있었습니다. 모든 투자자가 그렇듯이 종목 진입에 대한 어려움은 해당 산업이 앞으로 얼마나 오래 글로벌 경제를 이끌어 갈 것인지 판단이 서지 않기 때문입니다. 그래서 이미 AI 반도체 대장주인 엔디비아가 폭등한 상황에서 시류에 편승하는 것이 바람직한가를 고민했습니다.

결론은 현재 가격이 좀 비싸도 확실한 시장성과 미래가 보인다면, 과감하게 시류에 동참해야 한다는 것이었습니다. 이 결정을 한 포인트는 'AI는 꼭 엔비디아 칩으로만 해결할 수밖에 없는가?'였습니다. 현재 독과점 상태의 엔비디아는 변화하는 AI시대를 이끌 수밖에 없고, 수요보다 공급이 적어 가격을 계속 올릴 수 있을 깃이라고, 뉴스를 꼼꼼히 보며 팩트에 기반한 결정을 했습니다. 그 결과 지금도 엔비디아는 독보적인 위치에서 주식 가치도 상승하고 있습니다.

앞으로 저희 아이 계좌 리밸런싱은 특별한 일이 없다면, 시장을 꾸준히 모니터링하면서 1~2년 주기로 할 생각입니다. 잦은 매매보다 세계적인 산업의 흐름에 편승하고 있는지를 꾸준히 살펴보면서, 필요하다면 리밸런싱을 하겠다고 마음먹고 있습니다. 아이가 의사결정을 함께 할 수 있을 때까지는 장기적 안목으로 안전한 운영을 하려고 합니다. 여러분도 꾸준히 공부하면서 세계 경제 흐름을 좇으면 자연스러운 아이 경제 교육과 함께 부자가 되기 위한 기반을 마련할 수 있을 것입니다.

Epilogue : 금수저 플랜이 끝났다면 이제는 실행할 때입니다

책을 쓰는 것은 책임의 무게까지 함께 갖고 가는 것이라고 생각합니다. '금융기관에 근무한 직도 없는 내가 과연 지식을 살 전달할 수 있을까?'라고 고민했을 때 저희 아버지가 하신 말씀이 있습니다.

"너니까 할 수 있는 거야."

흙수저를 탈출한 경험자로서 한 가지 깨달은 것은, 벌어진 격차를 줄이기 위해서는 무조건 남들보다 빨리 아이 재테크를 시작해야 한다는 것입니다. 다행히 결과가 좋아 남들보다 빠르게 격차를 좁혀가는 중이고, 아이의 미래 기반도 다질 수 있었습니다. 그래서 그 치열했던 과정에서 쌓은 노하우를 저와 같은 간절함을 가진 분들에게 전하고, 실천할 수 있게 용기도 드리고 싶었습니다.

꾸준히 경제 공부를 하면서 저에게 재테크 상담을 요청하는 분이 많이 생겼습니다. 많은 분을 만나보니 대부분 그저 우리 아이가 이 세상을 좀 더 여유롭게 살면서 스스로 미래를 선택할 수 있었으면 하는 바람이었습니다. 다만, 방법을 알지 못해 시행착오를 여러 번 겪으면서 도전을 주저하게 됐다고 했습니다.

그래서 제가 이 책을 집필하면서 세운 목표는 재테크를 시작하는 모든 부모님이 쉽게 경제를 이해할 수 있게 하는 것이었습니다. 그 과정에서 디테일한 부분까지 확인하면서 완성도를 높이다 보니 생각보다 시간이 오래 걸렸지만, 저도 새로운 배움을 얻는 의미 있는 작업이었습니다.

자본주의 사회에서 누구나 똑같이 부자가 될 순 없습니다. 설사 공평하게 부를 나누고 사는 것을 지향한다 해도 그 안에서 또 다른 부를 축적하는 사람은 생기기 마련입니다. 이것이 부익부 빈익빈이며, 우리가 사는 세상은 그렇게 흘러가고 있다고 생각합니다.

그렇다면 이미 벌어진 부의 격차에 좌절해야 할까요? 저는 시도조차 않고 포기하는 것은 아이의 미래 선택권을 없애는 것과 같다고 생각합니다.

제가 생각하는 증여와 재테크는 단순히 재산을 아이 명의 계좌에 돈을 넣어주는 것이 아니라 아이에게 세상을 공부하는 소중한 경험을 선물하는 것입니다. 성인이 되기 전 20년 동안 투자금을 운용하면서 쌓은 경험은 세상의 흐름을 보는 눈, 투자로 수익을 얻은 값진 기억으로 남을 것입니다. 이것이 앞으로 아이들이 미래에 겪을 경제적 풍랑을 이겨내는 원동력이 될 것입니다. 저는 이 힘을 길러주는 역할을 하고 싶습니다.

저의 이 작은 지식이 여러분의 시작을 이끈다면 '우리 아이 준비된 금수저 만들기' 프로젝트는 이미 시작된 것입니다. 이제는 아이에게 미래를 선택할 수 있는 '기회'를 마련해주는 것이 이 시대를 살아가는 부모의 새로운 의무가 되고 있습니다. 주저하지 말고 도전해보세요. 제가 여러분의 든든한 버팀목이 되겠습니다.

가난했던 어린 시절을 탓하지 않고 당당하게 나아갈 수 있게 세상을 가르쳐 준 제 인생의 가장 큰 버팀목, 나의 어머니 감사하고 사랑합니다.

0세부터 시작하는
우리 아이 금수저 플랜

초판 1쇄 발행 2025년 1월 20일

지은이 재테크하는제인
발행인 정진욱
편집인 윤하루
디자인 주서윤

발행처 라디오북
출판등록 2018년 7월 18일 제 2018-000161호
주 소 (07299)서울시 영등포구 경인로 775
전 화 010-5862-0801
팩 스 0508-930-9546
이메일 hello.radiobook@gmail.com

© 재테크하는제인 2025
ISBN 979-11-90836-97-5 (13320)
값 20,000원

*라디오북은 라디오데이즈의 출판 전문 브랜드입니다.